마음의 방

마음의 방

펴 낸 날	2025년 06월 30일
지 은 이	권수인
펴 낸 이	이기성
기획편집	김정훈, 이지희, 서해주, 최인용
표지디자인	김정훈
책임마케팅	강보현, 이수영
펴 낸 곳	도서출판 생각나눔
출판등록	제 2018-000288호
주 소	경기도 고양시 덕양구 청초로 66, 덕은리버워크 B동 1708호, 1709호
전 화	02-325-5100
팩 스	02-325-5101
홈페이지	www.생각나눔.kr
이 메 일	bookmain@think-book.com

· 책값은 표지 뒷면에 표기되어 있습니다.
  ISBN 979-11-7048-894-1 (03810)

Copyright ⓒ 2025 by 권수인 All rights reserved.
 · 이 책은 저작권법에 따라 보호받는 저작물이므로 무단전재와 복제를 금지합니다.
 · 잘못된 책은 구입하신 곳에서 바꾸어 드립니다.

마음의 방

내 마음 들여다볼 수 없어 답답합니다
내 몸 어디에 마음이 살고 있는 방이 있을까요

권수인 시집

생각나눔

시인의 말

내 삶이
외롭지 않고
행복한 것은

인생의 동반자가 있고,
내 마음이 머무를 수 있는
그대(詩)가 있음이다

2025년
권수인

차 례

제1부 숲이 살아가는 방식

봄 봄	12
요즘 꽃	13
식물성	14
어떤 서정시	16
마음의 상상력	17
벚꽃 부흥회	18
봄의 자식	20
꽃들의 노동	22
봄의 웃음	24
자작나무의 원근법	26
길의 힘	27
북 항	28
그림자	30
느티나무	32
어머니의 귓속말	34
무지개 폭포	36
허공을 물들이다	38
거꾸로 누워 바라본 하늘	40
3시와 4시 사이	42
숲이 살아가는 방식	44

제2부 마음의 방

4월의 탑	48
날개를 위하여	50
비 오는 바닷가	52
모서리가 품은 한 줌	54
허공이란 자리	56
선택지	58
강둑에 추억이 핀다	60
그의 이름은	62
안개 화가	64
장마가 오기 직전	66
마음의 방	68
약 속	70
산수국의 손님맞이	71
모자의 월담	72
가족 인증서	74
초원의 인사법	76
흘러간 시간들	78
골목길 풍경	80

제3부 길에서 만나다

거울 속의 인물화	84
나비, 면벽에 들다	86
들 국	87
어느 커피숍의 풍경	88
그들의 영역	90
남이섬의 잉걸불	92
물의 식탐	94
명품 간판	96
길에서 만나다	98
꿈의 경전	100
소신공양	101
가을 편지	102
돌멩이의 여행	104
마지막 웃음	106
소 풍	108
자작나무 숲	110
단단한 포옹	112
둘이 걷다	114
철 담장 위에	116

제4부 동 심

겨울나무의 반성	120
수묵화	121
팥죽 속의 새알심	122
호수의 눈물	125
구름 수채화	126
운전 면허증	128
작은 화분	130
은행나무를 오독하다	132
동 심	134
나한의 미소	136
그를 대신해서 죽었다	138
사람이 그립다	140
창밖의 풍경	142
눈 길	144
사계절의 생존 방식	146
안개에 대하여	148
단 풍	150
검은 돌	152
아침과 약속하다	154
강의 울음을 듣다	156
시작노트 및 해설	160

제 1 부

숲이 살아가는 방식

봄 봄

산 계곡 곳곳에 빨간 루즈 짙게 바르고
윙크를 날리는 진달래꽃과
노란 횃불 들고 맨발로 달려 나와
봄 길 밝히는 개나리꽃이
땅 위 곳곳에 써 내려간 글씨들

흘러가는 개울물도, 떠가는 뭉게구름도, 오가는 사람들도
아름다운 글씨에 취해 넋을 놓고 가던 걸음을 멈춰 선다

갯버들도 부러운 듯
털옷 사이로
실눈을 뜨고 쳐다본다

흘러가는 개울물에
하늘도 빠져 허우적거리게 하는

요즘 꽃

체감온도가 영하 20도를 오르내리는
추위가 이어진다는 일기예보를 들은 지
엊그제 같은데,
양산 통도사 홍매화
화신열 차를 타고 달려왔다

살을 에는 밤공기를 가르며
봄이 왔음을 알리기 위한 사명감 하나로
온 우주의 근원을 머금은 분홍이
불쑥 봄을 내민 것이다

때가 되면
화사한 얼굴로 찾아와
미소 짓다가
갈 땐 미련 없이 시간을 내려놓는 홍매화
카톡, 카톡
내 손 안에서 부지런히 꽃을 피운다

식물성

울타리 하나 없는 슬레이트집 마당
화분에 피어있는 샤프란 꽃들이
해맑은 미소를 아이처럼 짓는다
마당에서는 할머니가 화분에 물을 주며
꽃과 식물성 대화 중이다
가만히 다가가
무슨 꽃이 이렇게 예쁘냐고
꽃 한 포기 얻을 순 없겠느냐고 물었더니
선뜻 화분 하나 내밀며
가져가 잘 키우라고 한다

내심 당황스러웠다
꽃 한 뿌리도 어디인데
자기 몸처럼 아끼고 돌보던 화분까지
선 뜻, 집 한 채를 내놓다니
내 마음도 금방 식물성이 된다

태풍이 불어와도, 폭우가 쏟아져도

쓰러지거나 떠내려가지 않는 집
꽃의 마음자리를 따라 이리저리
움직이는 식물성 집이
내 안에 한 채 생겼다

나는 샤프란의 마음을 읽고
얼른 그 집 대문에
'식물성(植物城)'이라는 문패를 달아주었다

어떤 서정시

강남대로에 풍성한 문장들이
길을 가득 메우며 꿈틀거린다

문장들이
한 편의 그림처럼, 한 무리의 새떼처럼
수시로 모였다 흩어진다
문장의 길이도
긴 문장, 짧은 문장
표정도
웃는, 우는, 힘이 들어간 문장
얼굴색도
노랑머리, 검정 머리, 흰머리 문장
가지가지다

강남대로에 갖가지 표정의 詩들로 가득하다

마음의 상상력

나는 환자가 되어서야 풍경에서 자유로워질 수 있었다
오랫동안 품고 살았어도 보이지 않던 허상들이
환자가 되어서야 보이기 시작했다
하나, 둘
내려놓아야 살 수 있다는 길이 꿈틀거렸다
흐느적거리던 속마음이 또 다른 속마음을 보여주었다
보이지 않는 마음을 확대해서 내 몸속의 어둠을 하나하나
들춰내는 마음의 상상력이 궁금했다

환자가 된 나는 병을 말하지 않고도 읽어 낼 수 있는
마음을 가지게 되었다

나는 그동안 마음이 잃어버리고 살아온
들판의 소리를 보여주고 싶었다
너무 버거워서 받아들일 수 없었던 들판의 외침에 대해
귀를 기울이고 싶었다

내 속을 전부 소유하고도 이유 없이 아파하던
마음에 백지 같은 흰 꽃 한 송이를 던져주고 싶었다

벚꽃 부흥회

부흥회 일정은 4월 초순부터 4월 중순까지
기다렸던 수많은 신도들
석촌호수로 모여든다

발 디딜 틈 없는 주말
아직 준비가 덜 된
교주의 설교에 탄성을 지른다
여리고 더디게 피어난 말씀보다
교주를 대면할 수 있음에 더 열광한다

부흥회에 푹 빠져든 신도들
하나같이 오! 마이 갓을 연발한다

호수에 떠 있는 오리들
춤추듯 유영하며 축하 퍼레이드를 벌인다
물갈퀴로 부흥회를 분주히 찬송하며

교주의 설교가 호수를 한 바퀴 돌아 나올 때까지

눈으로, 마음으로, 휴대전화로
한 말씀 한 말씀 확인하고 기록하기에 바쁘다

벚꽃 교주의 분홍빛 설교에 화끈 달아오르는
석촌호수,
광신도들의 물결로 출렁인다

봄의 자식

양지바른 언덕 아랫목에
봄의 자식들이 산다

서둘러 조금 남아있던 겨울의 그늘을 걷어낸다
꽃다지 냉이 봄까치 별꽃 보리뱅이가
한 줌 볕을 떠먹는다
수줍게 꽃대를 내미는가 싶더니
어느새 꽃을 피워 들고 봄을 알리고 있다

꽃샘추위에 산책로를 오가는 사람들
옷깃을 여미어도
볕 한 줌이 어디냐고 마냥 웃는다

쪼그리고 앉은 난쟁이 꽃들
따스한 봄볕에 꾸벅꾸벅 존다

산책하던 할머니들 쪼그리고 앉아
손자 바라보듯

난쟁이 꽃들의 재롱에 취해 활짝 웃는다

산책로 양지바른 언덕
봄의 자식들의 재롱이 한창이다

바라보는 내 마음에 봄이 옮겨 붙었다
마음이 아지랑이처럼 날아오른다

꽃들의 노동

봄 햇살이 늦게까지 일을 시킨다
일찍 해를 거둬가던 겨울철과 달리
꽃들의 노동 시간이 길어졌다
꽃들은 불평 없이 작업 중이다

누군가 봄의 페달을 밟으면서
멈춰있던 봄의 시침과 박음질이 시작되었다
텅 빈 화단 곳곳에 노란 팬지로
한 땀 한 땀 박음질하고,
자투리땅엔 분홍데이지로 시침질을 하고 있다
봄의 밑단을 접어 어디에 붙이려는지
바느질이 한창이다

도심의 나무와 모종 컵에 담긴 화초들도
일찍 거리로 나왔다
수당이 붙지 않은 저 노동
춘곤증에 하품이 늘어진다

작업반장처럼 다가와 잔소리를 퍼붓는 꽃샘추위
세우던 꽃잎을 눕히고 하던 일손을 멈춘다

봄 한 벌을 짓기 위해 일하러 나온 햇살들
일손을 느지막이 내려놓고 집으로 돌아간다

봄의 웃음

산자락을 돌고 돌아
길은 걸어간다
무엇에 홀린 듯 앞서가는 길을
따라나섰다

길에 찍혀있던 수많은 발자국
산으로 도시로 떠나며
흔적이 희미해졌다

적막이 내려앉은
길 가장자리에 하얗고 빨간 봄의 웃음 가득 피었다
길이 환하다
다소곳한 야생화의 심장 뛰는 소리
눈과 마음이 즐겁다

민들레 광대나물 가락지나물 자운영
꼼지락거리며 마음을 잡아끈다

가던 길을 멈추고 쪼그리고 앉아 바라본다
지금껏 볼품없는 잡초라고 눈길조차 주지 않았다
크고 화려한 것들 뒤에 숨어있던 그 작은 것들
이제야 보인다

모두가 떠난
고향을 지키며 살고 있는 것들은
작은 야생화였다

자작나무의 원근법

한 폭의 동양화가 된 숲속 자작나무
면벽에 든 스님처럼 먼 산을 바라보며
바람으로 액자를 닦는다

바람이 불면 부는 대로, 눈이 오면 눈이 오는 대로
흔들리거나 꺾일지언정
몸과 마음을 송두리째 굽히는 법이 없다

발등에 수북이 쌓인 하얀 눈 솜이불처럼 덮고서
불어오는 차가운 바람에도 흔들림 없이 서 있다

산 짐승들 간간이 다가와
가려운 몸 비벼대도 제 겉옷을 사납게 벗겨 가도
간지럽다고, 아프다고 얼굴 한번 붉히는 일 없다
한 폭의 동양화가 저 만의 원근법으로
산 능선에 걸려있다

길의 힘

짐을 잔뜩 실은 리어카
언덕길을 힘겹게
가다 서다 반복하며 기어오듯 올라온다

리어카를 끌고 오는 사람도 없는데
큰 나방을 물고 뒤로 가는 개미처럼
길은 쑥 내민 리어카 엉덩이에 손발이 달린 듯, 눈이 달린 듯
끌고 언덕을 오른다
허리가 거의 직각으로 굽은 할머니를
손잡이에 매달아 끌고
비척비척 언덕길을 기어오른다

사람도 차도 모두 모두 손수레에 길을 비켜준다
이를 아는지 모르는지 헐떡이며 언덕길 오르는
리어카의 거친 숨소리 길가에 자욱하다

북항

북적거리던 북항이 고요하다
간간이 파도 울음 사이로 꼬리만 남은 계절이 서표처럼 꽂힌다
바다는 겨울의 마지막 장을 남겨두고
차마 끝장을 넘길 수 없다는 듯
다 읽지 못한 파도를 다시 덮는다
열리고 닫히는 수많은 페이지
8월의 모래밭에 찍힌 그 많은 활자를 파도가 지우고
그 틈으로 소리만 드나든다
벽에 걸린 마지막 달력처럼 이 계절 한 장을 넘기면
또 다른 봄이 기다리고 있을 것이다
동안거에 들 수 없는 파도는
차가운 바람에 머리를 식히며
끊임없이 모래밭에 밑줄을 긋는다
끝장까지 정독을 하고 나면 또 한 해가 바뀔까
저물어가는 부두를 바라본다
저 깊은 수심엔
얼마나 많은 이야기가 자라고 있을까

물수제비를 날린다
서너 번 물꽃이 핀다
수평선을 넘어간 나의 꿈은 아직 돌아오지 않았다

거친 물살에 떠밀려 마침표로 서 있는
저 폐선은 바다의 아픈 손가락이다

출항을 알리던 깃발
갈매기 한 마리 낡은 깃대에 앉아 먼 하늘을 바라본다
늙지 않은 파도만 진종일 오간다

그림자

그림자는 끈기로 똘똘 뭉쳐 있다
그는 늘 아이처럼 나의 꽁무니를 따라 다닌다
기분이 좋고, 슬프고, 유쾌하고, 불쾌한 느낌을
하나 둘 저축을 하듯, 볏단 쌓듯
하나도 버리지 않고 제 안에 차곡차곡 쌓아 놓는다

그는
내가 지나온 길목마다 웅크리고 앉아
생기가 넘치거나 바쁠 땐 얼씬도 하지 않다가
지쳐있거나 외로움에 빠져 있을 때,
눈치를 보거나 망설임 없이 바로 치고 들어온다
들어와선 사사건건 시비를 건다
그땐 왜 그랬냐고 그건 정말 잘못 했다고

그는
참 무서운 녀석이다
그 치밀함과 집념은 상상을 초월한다

그는 호기심이 많은 듯
한 곳에 오랫동안 머무르지 않고
걷잡을 수 없이 소용돌이치는
혼돈의 순간순간 그 틈을 비집고 들어가
새로운 공간에 새 터전을 마련한다

그는
늘 호기심의 촉수를 곳곳에 뻗치고
기회를 엿보며 허전한 마음의 약점을 파고든다
어느새 내 마음 한구석을 차지하고
웅크리고 앉아
추억의 긴 꼬리를 드리우고 있다

느티나무

베란다 앞 공원에
느티나무 한그루 살고 있다
은행나무에 둘러싸여 있어도 위축됨이 없다
아침마다 변함없는 얼굴로
나를 맞이해 준다
그의 당당함과 여유로움을 보며
허한 내 마음을 추스른다

그런 그도 한낮엔 가끔
허공에 몸을 맡긴 채
나른한 봄기운에
조는 듯 생각에 잠긴 듯 알 수 없는
표정에 잠긴다
그러던 그가 잔잔한 바람의 간질임에
흔들거리며 히죽히죽 웃는다
나를 보고 쑥스러운 듯
재빨리 몸을 움츠린다

헛기침하며 옷매무새를 바로잡는다
언제 그랬냐는 듯 점잖을 떨며
때론 햇살로,
때론 빗줄기로 전해 받은
하늘의 말씀을 읽고 또 읽는다

느티나무 얼굴에는
늘 넉넉함이 묻어난다

어머니의 귓속말

병원에 입원한 어머니는
물 한 모금 넘기기도 힘들어하셨다

손으로 아버지를 부르더니
가쁜 숨을 몰아쉬며 작은 소리로 아버지의 귀에 대고
우리 저세상 가서도 함께 살아요
죽긴 왜 죽어, 쓸데없는 소리 말고
어서 기운 차려요
아버지는 퉁명스럽게 말을 던졌다

열일곱에 시집와 오십여 년을 함께한
어머니의 사랑과 신뢰
마음이 짠하게 울먹거렸다

나에 대한
아내의 믿음은 얼마나 될까

며칠 지난 후

어머니의 귓속말은
마지막 유언이 되었다

어머니의 귓속말
40여 년이 지난 지금도 내 귓속에 산다

무지개 폭포

천강에 내린 꽃이
나에게 가만히 다가와서
보이지 않는 꽃술로 나를 포박한다

얇은 도포에 몸을 감춘 나는
꽃이 펼쳐 놓은 바람에
저항 한번 하지 못하고
졸지에 꽃의 포로가 되었다

그 순간
나의 곡선도
나의 숨소리도
그 너머, 나를 채색하던 노을도
모두 꽁꽁 묶여 아무것도 할 수 없었다

나는 지금
형체도 무게도 없는 바람의 줄에 묶여있다
이제 내가 할 수 있는 일은

오래 떠돌던 공중을 버리고
꽃 위에 내려앉아 함께 꽃피는 일뿐이다

날개가 천강을 건너와
안개를 만나 색과 뿌리를 얻으려면
또 칠 일은 기다려야 한다

허공을 물들이다

9시 뉴스는 4월을 안방으로 배달했다
온몸에 봄볕을 바르고
겨우내 볕에 주린 선인장을 마루 끝으로 내보냈다

절반쯤 접힌 사월의 바짓단을 펴고
담 밑에 웅크린 장미의 허리도 묶어주고
바람을 앞세워 여의도로 나갔다
길을 따라 진열된
벚꽃 천국,
모처럼 근심에서 빠져나와 꽃 빛으로 물들 참이었다

거리에 흐드러진 말씀 말씀들,
벚꽃의 눈웃음에 마른 가지 끝에도 피가 돌고
봄의 옷자락을 놓칠세라
눈과 귀를 활짝 열고
카메라에 휴대전화에 꼭꼭 적어 담았다

일제히

옥양목 빛으로 절창인 가지들
지친 영혼을 치유해주는 봄날의 표정은
바람 파도에 위태롭게 출렁거렸다

바람은 알고 있다
꽃은 소문으로 피고 소문으로 진다는 것을

봄볕이 거리를 빠져나간 후
이제 꽃은
목숨을 버릴,
소문을 버릴 준비가 되어있다

벚나무는 또 새롭게
허공을 색칠하려고 숨겨둔 푸른 물감을 꺼낼 것이다

거꾸로 누워 바라본 하늘

초겨울날 오후 공원에 올라
거꾸로 매달리기 운동기구에서 바라본 하늘
구름 한 점 없이 맑고 푸르다
아름다움에 푹 빠져 하늘을 보고 또 바라보는
나를 내려다보며, 마치 하늘이
'그대는 지금껏 부끄럼 없는 삶을 살아왔는가?'
묻는 것만 같았다
순간 더는 하늘을 바라보지 못하고 눈길을 좌우로 돌렸다
그때 나의 시선을 잡아끄는 것은
느티나무, 오동나무, 메타세쿼이아, 플라타너스
그들은 침묵을 지키고 서 있다가 바람이 불어오자
몸을 흔들며 서로 말을 하기 시작했다
그들의 언어는 바람이었다
대화를 나누는
억양과 말투가 각기 달라 보였다
메타세쿼이아는 온몸을 흔들며 조잘조잘 속사포로 말을 하고,
오동나무는 약간 빠른 어투로 손짓을 섞어가며 말을 했다

느티나무나, 플라타너스는
어쩌다 고개를 끄덕일 뿐 묵묵히 말을 듣기만 했다
그들의 대화를 귀 기울여 들어봐도
무슨 말을 하는지 알 수 없어 답답했다
그러나 한 가지 분명한 사실은
몸과 마음이 튼실하게 자란 나무일수록
누가 어떤 말을 하든 중심을 잃지 않고
나긋나긋 대화하는 모습이었다

사람이고 나무이고 중심을 잡아주는
건강한 삶의 철학을 지니고 사는 삶은 늘 여유가 느껴진다

작은 일에도 허둥지둥 당황하며 살아온 나
지난 삶을 생각을 해보니
나는 중심을 놓치는 일이 많았다

3시와 4시 사이

저녁이 오기 전
느릿느릿 슬리퍼를 끌고 나온 종업원이 메뉴판을 내민다

손님이 뜸한 점심을 지나
3시와 4시 사이

그 틈에 낀 짧은 낮잠을 깨워 나는 졸음이 묻은 돈가스를 먹고
창밖 플라타너스는 모처럼 하늘이 차려준 밥상에
시든 이파리를 활짝 펼치는데
포크를 들고 돈가스를 조각조각 자르는 동안
투덜거리는 표정이 포크에 묻는다

천천히 씹는 맛과 허겁지겁 삼키는 맛의 차이는
얼마나 될까

미지근한 돈가스를 한입 베어 먹는 동안
나무는 바람 한 점에 마른 몸을 추스르고

나이프는 체중계의 눈금을 생각하라고 눈치를 보낸다
넘침과 모자람의 사이는 얼마나 아득한가
자정까지 이어지는 저녁 장사를 위해
3시와 4시 사이는 꿀맛 같은 휴식
어서 돌아가 주기를 기다리는 몸속의 잠들
주인의 안색을 살피며 늘어지는 하품을 앞치마에 감춘다

이 늦은 점심은 얼마나 무례한 주문인가
식당은 열려 있지만, 이 시간만큼은 닫혀 있다
손님만이 알 수 있는

플라타너스는 늦은 점심이라도 달게 먹는데
3시와 4시, 그 틈에서 식어가는 돈가스를 삼키며
고개를 갸웃거린다

점심인가, 저녁인가

숲이 살아가는 방식

지렁이와 함께 꿈틀거리는 숲
생강나무, 굴참나무, 상수리나무, 오리나무
봄볕을 찍어 바르고 단장이 한참이다
봄을 피우기 위해 수선을 떤다

무심코 숲 속을 걷다가
인간 세상에만 있는 줄 알았던 중환자실이
나무들 세상에도 있는 걸 알았다

주사 자국으로 온몸이 멍든 소나무들
병력(病歷)카드 가슴에 달고
링거 주사, 영양제 주렁주렁 꽂은 채
흔하디흔한 침대 하나 없는 병실에서
온종일 병마와 싸우고 있다

죽어서도 허가 없이는
이곳을 벗어날 수 없는 천형(天刑)의 병

소나무 재선충

제 몸을 제물로 바쳐야만 해방될 수 있을까
소나무는 어느새
솔방울을 다닥다닥 매달았다
죽어도 자손을 퍼뜨리고 가겠다는 결심이
마치 유서처럼 읽힌다

한쪽에서는 솔방울을 눈물처럼 매달고
마지막 제를 올리는데

그 경계 밖에서
봄은 화려하게 몸단장을 하고 있다

제 2 부

—

마음의 방

4월의 탑

어디서 날아온 봄 한 마리
목련 초리 끝에 앉아있다
가지마다 촉이 봉긋봉긋,
4월의 앞가슴이 벌어진다

허공에 둥실 피는 연(蓮),

전생에 선비였나
꽃눈마다 지닌 목필은 봄의 전성기를
생생하게 기록하고 있다
눈초리는 실향민처럼 북쪽 하늘에 꽂혀 있고
탑처럼 쌓아 올린 목련꽃
화단 곳곳을 환하게 밝힌다

목련이 쓴 수백 통의 편지
북에 두고 온 가족 생각을 봉오리에 담아 놓았나
북쪽 하늘이 소인을 찍는다

저 위에 쌓았던 4월의 탑
봄볕이 채 여물기도 전에
무너지고 있다

부치지 못한 수백 통의 편지
바닥으로 지고 있다

날개를 위하여

학교에 벌들이 살고 있다
벌통에 드나드는 벌처럼 작은 출입구로
얼룩덜룩한 옷을 입은 학생들 부지런히
양팔로 날갯짓하며 윙윙거리며 들락거린다

꿀을 찾아
온종일 쉬지 않고
조금씩 조금씩 꿀을 모으는 벌들
교실에서, 운동장에서 계절의 가르침을
하나하나 배우고 익혀 지혜를 쌓고 적용하기에 바쁘다

하루하루를 먹을, 평생을 먹고 살아갈 양식을 쌓듯
삶의 지혜를 찾고 수련하는 벌들의 활기찬 날갯짓은
바람이 휘몰아치는 추운 날에도,
땀이 흘러내리는 무더운 날에도
쉼 없이 계속된다

늘 여왕벌 같은 눈빛을 감춘
선생인 나는, 혹시 악덕 양봉업자는 아닐까

비 오는 바닷가

오후 다섯 시 해운대 바닷가
어깨가 젖도록
모래밭에 서서 먼바다를 바라본다
바다는 철썩이며 다시 나를 향해 달려온다
이대로 물러설 수 없다는 듯

비가 내려도 바다는 젖지 않고
내 가슴만 흠뻑 젖었다
밀려오는 파도 다 보듬어 안을 듯
환한 미소를 짓던
그 여인
지금 어디서 무엇을 할까

출렁이는 물결에 안부 전하면
어딘 선가 파도를 타고 달려올 것 같아
수평선을 바라보고 또 바라본다
지나간 시간들만 쓸쓸하게 모래톱을 어루만진다

흐느끼듯 쉼 없이 쏟아지는 빗소리
비의 발자국만 모래밭을 외롭게 걷고 있다

모서리가 품은 한 줌

딱 한 줌이다
손아귀에 꼭 맞는

카페 흡연실 구석진 곳을 차지한
저 작은 화분
푸른 표정에도 먼지가 낀다
그가 가진 것은 모서리가 전부
햇볕 한 줌 물 한 모금 없어
키는 늘 한 뼘
먹이는 떠도는 매캐한 연기뿐이다

카페 흡연실 문이 열릴 때마다 묻어온
커피 향은 쓴맛이다
누군가 뱉어놓은 짙은 한숨에는
심장이 타들어 간 냄새가 난다
잡담이나 세상의 이야기를 마시며
늘 그 자리에

산 듯, 죽어있는
저 작은 화분의 뼈는
가느다란 철사 몇 개

철사를 붙잡은 초록의 플라스틱 이파리들
화분을 메운 이끼 한 줌에 발이 묶여
몇 년째 불편한 모서리를 붙잡고 있다

그저 화분이라는 이름으로
묵묵히 구석을 지키며 늙어간다
독한 연기를 뿜어대도 불평 한마디 없이

모서리가 가진 것도
유일한 저 소품뿐이다

허공이란 자리

만개한 소문은 4월과 함께 빠르게 번졌다
은밀한 바람의 소리 없는 호출에
버스를 타고 여의도에 달려갔다
한참을 걷고 걸어 들어선 이곳은
벚꽃 천국,

이미 거리에 흐드러지게 핀 말씀 말씀들,
슬쩍슬쩍 날리는 벚꽃의 눈웃음에 4월은
넋을 빼앗긴 채 열광하고 또 열광했다
만개한 말씀 하나라도 놓칠세라
눈과 귀를 활짝 열고
그 말씀 카메라에 휴대전화에
꼭꼭 적어 담는다

일제히 봄을 밀어 올리던
그 열정은 어디서 오는지
옥양목 빛 부드러운 목소리의 보폭을 따라

지친 영혼을 치유해주는 설법은
시시각각 새롭게 펼쳐졌다

바람은 알고 있다
꽃은 소문으로 피고 소문으로 진다는 것을

황홀한 눈빛들이 거리를 빠져나간 후
이제 꽃은 목숨을 버릴 준비가 되어있다
소문을 버릴 준비가 되어있다

가지는 또다시
새롭게 허공을 준비할 것이다

선택지

누군가 앞서가던 발자국 따라
오르내리던 산에
흔적이 보이지 않는다
언제부터 산은 드나들던 발자국을 다 지워버렸을까
내 무릎 키만 한 잡목들
어느새 훌쩍 내 키를 넘었다
마치 이 산을 지키는 산지기처럼
위풍당당 길목마다 서 있다
이제 나무들의 허락을 받아야만
갈 수 있는 이 길
저 고개 너머 고조부가 누워있다
한달음에 갈 수 있었던 이 길이
왜 이렇게 멀고 먼지
3년 만에 고조부를 뵈러 이 길을 간다
왜 이제 왔느냐고 나무들이 내게 호통을 친다
통행증 하나 없이 홀로 가는 길
청미래덩굴이 발목을 붙잡는다
앞서 다녀간 발자국이 이제 보이지 않는다

이 산을 넘어간 사람들은
저 건너편에 누워있다

아직 저쪽으로 가지 못했는데
해가 기울고 있다

강둑에 추억이 핀다

곳곳에 송이송이 오월이 핀다
오가는 자동차의 매연에도
주렁주렁 하얗게

척박한 곳
강물 소리에 발등을 적시는 나무들

한때 민둥산을 푸르게 덮고
땔감이 되어준 아카시아
나도 한때 선산에 올라
만만한 아카시아를 한 짐 베어 쇠죽을 끓이곤 했다

어느 날
객지에서 만난 고향 냄새
봄바람 타고 창문에 날아든 꽃향기가
뒷산으로 나를 데려다주었다

오랜 시간이 흐른 지금,

오월은 옛 추억을 배달해준다
웃음으로 맞아주신 부모님과
꿈을 먹고 살았던 나의 청춘이 되살아난다

내 외로움의 갈피마다 아카시아 꽃향기가 묻어있다

그의 이름은

왕릉 산책로 길섶에서 만났다
이름에 걸맞지 않게
수를 놓듯 길섶 곳곳을 환하게 꾸미고 서 있다
산책을 나온 사람들
작고 하얗게 땅 위에 펼쳐놓은
꽃들의 애교에 이끌려
걸음을 멈추고 보고 또 본다
그래도 아쉬움이 남는 듯
휴대전화기로 찰칵찰칵 주워 담는다
그의 이름을 알기까진
그 누구도 의심 없는 사랑이 넘쳐나는 꽃

그들의 삶은
제 한 몸 기댈 땅 한 평 지니지 못해도
이유 없이 무시당하고 짓밟히고 뽑힘을 당해도
물 한 사발 거름 한 줌 얻어먹은 것 없어도
신세를 한탄하는 일 없다

삶은 스스로 가꾸고 헤쳐나가는 것임을 아는 듯
어떤 시련도 거뜬히 털고 일어난다
작은 벼랑 언덕에서도 삶을 펼쳐놓고
삶이 힘들다고 한숨 내뱉으며 걷는 이에게
말없이 얼굴 내밀며 위로를 건네는
작은 듯 큰 꽃

5월이 오면 곳곳에 꽃詩를 펼쳐놓고
눈과 마음을 편안하게 해 주는
그의 이름은 개망초

안개 화가

그는 마음이 울적할 때, 기쁠 때, 한가할 때
그림을 그린다
그는 수묵화를 그릴 때 먹물이나 도구를 사다가
그리는 법이 없이 물방울을 주재료로 그린다
물방울을 잘게 부수어 찬 공기를 배합해서 물감을 만든다
그의 그림은 표현 방법과 기법이 상황에 따라 달라진다
기분이 좋은 날은 산과 나무가 보일 듯 말 듯,
희미한 선으로 수묵화를 그린다
기분이 우울한 날은 나무나 바위 등을 농도 짙게
보이지 않는 장막 속에 그려 놓는다
재료가 부족한 날은 산, 나무, 계곡, 동물들의 일정 부분만
그려서 여백의 묘미를 연출하기도 한다
마치 요리사가 같은 재료를 가지고 맛과 모양이 다른
음식을 차려 내놓듯이
기분과 환경에 따라 같은 듯 서로 다른 그림을 그려 낸다
그림 곳곳에 농담이라는 장치를 해 놓아
보는 사람, 보는 기분, 보는 시각에 따라
다른 느낌으로 다가온다

안개 화가가 그린 수묵화는 그 안에 말하고 싶어 하는
발묵이 있다

장마가 오기 직전

저기압이 우리 집 안팎까지 몰려오고,
아내의 얼굴에 먹구름이 짙게 끼기 시작했다

장마가 온다는 소리에
안경에 습기가 뿌옇게 끼고
내 마음에도 우울이 내려앉았다

장마가 온다는 소리에
놀란 하마 몇 마리 장롱 속에 황급히 뛰어들었다

장마가 온다는 기별에
신발장 운동화는 촉촉이 젖고,
현관문 앞에 꽂혀 있던 우산들은 바짝 긴장했다

장마가 온다고
전선에 앉은 비둘기의 날개가 축 처졌고
하수구도 숨이 막힌 듯 부글부글 끓어올랐다

장마가 온다는 소리에
앞마당 능소화가 필까 말까 망설인다

마음의 방

내 마음을 들여다볼 수 없어
답답합니다
마음이 바다보다 깊어 보이다가
어떨 땐 접시 물보다 얇게 느껴집니다
그렇다고 뒤집어 볼 수도 없습니다
거울로 온몸을 둘러봐도
CT로 가슴을 찍어봐도
내시경을 밀어 넣어 세세히 살펴봐도 보이지 않습니다

단지 느낌으로 내 마음의 상태를
가늠해 볼 수 있습니다
리트머스종이처럼 꽃이나 말을
던져주면 즉각 반응합니다
꽃을 보면
혼자 보기엔 아깝다고 휴대전화기로 기록을 남겨
친구들에게 보내 줍니다
언짢은 말을 들으면

마음이 문을 닫고 들어가
종일 나오지 않습니다
그런 날은 밤새 잠을 뒤척이곤 합니다

편안한 하루를 위해 마음에 거슬리지 않게
눈치를 보며 조심조심 삽니다

내 몸 어디에 마음이 살고 있는 방이 있을까요

약 속

화분 속 샤프란

먼 길 떠난 듯 기척도 없다

그런 그녀가

두 해 만에

꽃대를 밀어 올리더니

어느 날 베란다 구석이 환해졌다

관심 밖으로 밀려나 내 무관심을 물처럼 받아먹고

겨우 외발로 일어서더니

홍조 띤 얼굴로 다가와

사흘간 반짝반짝

내 가슴을 울렁거리게 하더니

나흘째 되던 날 가만히 눈을 감았다

두 해 동안 그녀는 나를 바라보고

나는 다른 곳을 바라보고

사과 한마디 못했는데

그녀는 꽃대 끝에 약속을 걸어두고 먼 길을 떠났다

나는 꽃대에 걸린 그녀의 마음을 받아 읽는다

산수국의 손님맞이

손님 접대를 위해 6월부터 준비에 최선을 다합니다

주변에 예쁜 헛꽃 접대부를 배치해
벌 나비를 맞이할 준비를 합니다

손님을 맞을 준비는
7월에서 8월,
가장 중요한 손님맞이 음식은
꽃가루와 꿀,
곳간에 넣어두었습니다

내 집을 찾아오는
당신들을 위해 곳간을 활짝 열어두었습니다
우리 가문의 대를 이어줄
은인이기에
설레는 마음 다독이며 정성껏 준비하고 있습니다

모자의 월담

우성아파트 담장 커브 길을 돌아서며
강남 지하상가에 가서 모자나 하나 더 살까 생각했다
그 순간 돌풍이 부는가 싶더니
내 모자가 사라졌다
길 주변을 아무리 찾아봐도 보이지 않는다
담장 너머 아파트 화단으로 날아갔나 싶어
눈을 크게 뜨고 담장 안쪽 이곳저곳을 훑어본다
아파트 안으로 들어가기 위해
담장을 돌아 정문으로 가면서 생각해 보았다
모자가 내 마음을 알아차린 순간,
그간의 헌신적인 봉사에 대한 배신감으로
바람 타고 도망간 건 아니었을까
아파트 화단에 들어가 구석구석을 살펴봤다
갑작스러운 이별에 서운한 마음을 달래며
되돌아 나오려는데
그가 나뭇가지 위에 넋을 놓고 앉아 있었다
다가가 다독여 주고,

아무 일도 없었던 것처럼 머리에 쓰고 나왔다

모자의 월담은 무죄인가

가족 인증서

말 한마디 없이 서둘러 길을 떠났다
길을 떠날 때 아무도 배웅하지 못했다

그녀는 재혼할 때 다짐했었다
또다시 파경을 되풀이하지 않겠다고

고된 시집살이
누구에게도 꺼내놓지 못한 응어리
포도밭에 달려가 풀어놓곤 했다
그녀의 속울음을 받아먹고 탱탱하게 영근 포도송이를 보며
눈물도 가슴으로 삭이곤 했다

이른 아침 포도밭에 나가
작은 체구 동동거리며 해 질 녘까지 일하던 그녀
오랜 시간이 흐르고
헌신적인 그녀의 진심에 시부모는 며느리 인증서로
포도 농장을 주었다

포도밭을 물려받은 그녀
눈물을 글썽이며 이웃을 붙잡고 자랑했다
싱싱한 포도 덩굴이 삶의 지지대였다

어느 날 잠자던 그녀의 심장이 멈추고
포도밭은 주인을 잃었다

그토록 갖고 싶었던 가족 인증서
한 줌 재로 뿌려진 포도밭 언덕
포도나무들도 갈색무늬병에 시름시름 앓고 있다

초원의 인사법

산책길에서 만나는 야생화들
활짝 웃고 있는 모습에 서서히 빠져든다

애기똥풀
봄부터 가을 끝머리까지
노랑 똥 퍼질러 놓고 노란 웃음으로 맞이한다
그 모습 귀엽다고 웃으며 바라볼 뿐
더럽다고 피하는 사람은 없다

다섯 잠도 아닌 석 잠을 자고도
제 역할을 다하고 사는 저 석잠풀의 당당함
늘 나는 잠에 찌들어 산다

도를 깨우친 부처님 부럽지 않다고
노란 웃음 꺼내 들고 꿋꿋이 서 있는 금불초

약한 이웃들의 등골 다 빼먹고도

피죽도 못 얻어먹은 환자처럼 좁쌀 같은
희멀건 웃음 피워 들고 서 있는 서양 등골나물

가을 초입 때가 되면 잊지 않고
꽃 피워 들고 달려온 상상화
얼마나 서둘렀으면 실오라기 하나 걸치지 않은 맨몸일까

바람결 따라 수크령에 안길 듯 말듯
애간장을 태우는
간드러진 웃음 흘리며 서 있는 기생초

길 떠날 과객처럼 괴나리봇짐 하나 메고
나뭇가지에 올라
먼 하늘을 바라보며 어디로 떠날까 생각에 잠긴 박주가리

산책길 곳곳에 꽃들의 개성 넘치는 인사가
활짝 펼쳐지고 있다

흘러간 시간들

지팡이를 찾아 전주 천변을 걷는다
흐르는 강물, 우거진 갈대, 물푸레나무, 찔레꽃, 창포가
예나 지금이나 그대로인 산책로
지팡이 하나 풀숲에 숨겼다

우거진 풀밭을 뒤져
흘러간 시간을 찾고 있다
언제나 그 자리에 앉아 곁을 지키던 지팡이
다가가면 천변 산책로 곳곳에
누군가 쉬었다 간 자리,
그 자리에 마음을 앉히고 고요히 눈을 감는다

노구를 부축한 시간만큼 반질반질 닳은
발하나 앞세운 산책들
비척거리는 몸 이끌고 힘겹게 걷던
사라진 발자국에 가만히 두 발을 얹는다

걷고 또 걷다 힘에 부치면 벤치에 앉아

떠가는 구름과 마음을 나누던 구순의 아버지
천변 어디에 기억을 저장해두셨을까

해거름까지 기다리던
낡은 지팡이 하나 언덕길을 내려가는 뒷모습이 보인다

골목길 풍경

3월은 소리 없이 바람의 안내를 받으며
곳곳에 봄을 배달했다
높은 담장 너머까지도

이에 응답이라도 하듯 골목길 담장 너머
능소화는 꽃등을 주렁주렁 내걸고
노란 꽃다발을 든 원추리는 호기심 많은 소년처럼
담장 틈새에 쫑긋 고개를 내밀고 있다
길섶에도 꽃마리 질경이
연초록 옷을 차려입고 옹기종기 앉아 있다

한때는 이 골목을 드나들던 사람들의 발걸음은
매우 분주했을 것이다

어디선가 들려오는 골목길을 의지한 지팡이의 앓는 소리
우중충한 저고리에
낡은 치마를 입은 등이 굽은 백발의 노파

엉금엉금 걸어들어오고 있다
골목길 곳곳에 스며 있는
그 옛날 젊은 시절의 추억을 되찾아 가려는 듯

오랜만에 사람 발소리를 들은 골목은
반짝이며 눈을 뜬다
능소화도
환영하는 의미로 꽃잎을 뿌려 주고 있다

오랜만에 골목길에는 생기가 묻어난다

제 3 부

길에서 만나다

거울 속의 인물화

하얀 백발을 한 낯선 얼굴 하나
거울 속에 서성인다
뉘신가 물어도 답이 없다
당황해서 돋보기를 꺼내어 가만가만 살펴보아도
알 수 없는 나 아닌
백발이 성성한 어떤 사람 그 자리에 서 있다

거울 속의 그를 보니 내 머리에도 서리가 느껴진다
다가오는 추석 찾아오는 조상들
편히 맞이하기 위해 머리염색을 하기로 했다

집사람은 서울에 가 있고,
이발소나 미장원에 가긴 왠지 내키지 않아
아들의 힘을 빌려 염색을 했다

곳곳에서 검은 붓에 거칠게 저항하는
하얀 머리털들

하얀 이빨 드러내고 으르렁거리는 늑대처럼
검은 머리털 사이사이 고개를 쭈뼛쭈뼛 내밀며
끈질긴 고집을 꺾지 않는다

머리털 왈,
아무리 붓질을 해봐라. 난 내 갈 길을 갈 거야
독백하는 가을날 오후

내 모습을 확인하기 위해 거울을 보니
거울 속의 그는 사라지고 그 자리에
백묘법*으로 그린 인물화 한 점 덩그러니 놓여있다

---

*백묘법: 색채를 가하거나 선의 농담·굵기에 변화를 주지 않고 윤곽선만으로 그리는 전통 회화기법

나비, 면벽에 들다

이글거리는 불덩이 속에
달구어진 쇳조각
쇠매질로
두드리고, 구부리고, 자르고, 붙여서
태어난 나비 한 마리
일곱 번 그을어도 그을리지 않는 순금의 날개를* 달고
나불나불 날아올라
장롱에도, 문갑에도, 반닫이에도 앉아
앞으로 한 백 년

---

*김춘수 「나비」에서 인용

들국

서리가 내렸다
들판의 풀잎 하얀 보자기 뒤집어쓰고
하나둘 삶을 내려놓는다

무서리 내렸다
여름 죽은 넓디넓은 가을 들판
홀로 지키는 들국

노랗게 꽃단장을 하고
가슴을 열어
철없는 벌, 나비에게
엄마처럼 젖을 빨리고 있다

어느 커피숍의 풍경

용인에서 수원고속도로 진입로 산자락에
수더분하게 차리고 앉은 커피숍
소문을 듣고 찾아온 손님들로 분주하다

손님을 끄는 호객꾼은 뒤뜰 정원 분재
가지와 뿌리가 잘려나가고
온몸이 철사에 칭칭 감긴 채
이리 뒤틀리고 저리 뒤틀려
곳곳에 앉아 있다
왜소한 키에 흉터와 몽톡한 몸매가 눈요기로 한몫을 한다
소나무, 모과나무, 느티나무
그 큰 키를 두 뼘으로 줄이고 작은 그릇에 발을 묻었다

고객들은 커피는 마시는 둥 마는 둥
뒤뜰 정원으로 걸어 나와
이곳저곳 오르내리며 구경을 한다
온몸이 뒤틀린 기묘한 모습으로

죽지 못해 살아가는 나무들
신기하다고, 아름답다고
가까이 다가가
휴대폰에 하나하나 담기에 바쁘다

커피숍 뒤뜰
풍경을 담는 소리 요란하다
찰칵찰칵 찰칵

그들의 영역

컴컴한 땅속엔 밤낮이 없다
환한 대낮에도 불을 켜는 지하도
그 불빛을 따라 사람들이 오간다

강남역 지하도 7번 출구
행인들이 분주히 오르내리는 계단 옆
작은 공간은 이미 그들의 집이 된 지 오래되었다
그곳에 가면 불안한 내일과 악취가 함께 고여있다
악취는 출구가 없다
이곳은 그들의 영역
사람들은 쭈뼛쭈뼛 그들의 눈치를 보며 오간다
이 바닥에도 계급이 있다
찬바람이 드나들고 눈에 잘 띄는 곳은
힘없는 자의 몫이다
기둥으로 두툼히 연막을 치고 있는
깊숙한 안쪽은 힘이 있는 자가 차지했다
이 도시의 곳곳을 떠돌다 때에 쩐 시간들이
이곳에 누워있다

공기도 심상치 않다
이곳에 몰려온 악취는 그들을 입고
한 몸이 되어 산다

남이섬의 잉걸불

추운 겨울 어둠이 내려앉으면
남이섬은 길 가장자리 곳곳에 놓인 화로에
모닥불을 피워놓는다
불은 한참 동안 연기를 내 뿜으며 활활 타다가
잉걸불로 다시 태어난다
이글거리는 불,
산책 나온 관광객들의
차가운 손과 마음을 따뜻하게 다독여 주고
때론 등불이 되어준다
잉걸불의 눈꺼풀이 감길 때마다
바람이 가만가만 다가와
'자면 안 돼 자면 안 돼' 속삭이듯
눈을 떴다 감으며 제 몸이 다할 때까지
불을 지킨다

추운 겨울날 화롯불 주변에
옹기종기 둘러앉은 형제들
아버님이 들려주시던 옛날이야기에

푹 빠져들곤 했다
길을 따라 가만가만 걷는 발걸음 따라
이글이글 타오르는 잉걸불처럼 부모님을
그리는 마음
따끈따끈 가슴에 피어오른다

추위도 잊은 채
훈훈한 풍경과 추억 속에 젖어
어둠을 헤치며 걷고 또 걷는다

물의 식탐

호수는 물을 소화시키려고 꾸준히 출렁인다

잠시라도 게으름을 피우면
병이 깊어진다
쉬지 않고 운동을 하는 그는
틈만 나면 이것저것 가리지 않고 닥치는 대로
먹어치우는 잡식성이다
커다란 위장과 왕성한 소화력을 가진 그는
계곡과 개울에 호객꾼을 두어
먹이를 폭포와 소沼로 유인한다
한번 물의 덫에 걸려들면 살아 나가는 법이 없다
계곡은 강에 먹히고
강은 바다에 먹힌다
그들은 모두 먹이 사슬이다

큰물이 들어 사방에서 밀려오는
라면 봉지, 페트병, 나무토막, 신발짝을
다 받아 삼키다 탈이 났다

파란 녹색 신물을 연신 토해낸다
죽은 잉어 붕어 메기의 사체마저 떠올랐다

어떤 정치인도 뇌물을 다 토해내고 소리 없이 잠적했다

명품 간판

강남 빌딩 숲 크고 작은 간판들
한 건물에 붙어사는
성형외과, 피부과, 정형외과
오가는 사람들에게 연신 눈짓 손짓을 보낸다

간판들은 마치 명품인 척
알 수 없는 외국어로 포장하고
이곳에 오면 모두 명품이 될 수 있다고 발목을 붙잡는다

어쩌다 눈에 띄는 한글 우리은행, 삼성화재
우리 땅에서 이방인처럼 어깨를 움츠리고 있다

이미 얼굴이 간판이 되어버린 사회
이곳은 거쳐야 할 필수 코스다
이곳을 거쳐나가면 제2의 얼굴로 태어난다
그곳은 시간을 거꾸로 돌려
어긋난 문장을 수정하고 정품이 되어 나온다

한류 열풍에 편승한 동남아가 몰려오고
빌딩의 키는 높이 자란다

불황의 바람이 거세게 불어와도
이곳은 무풍지대
이 빌딩, 저 빌딩 간판을 내걸고 성업 중이다

이 도시는 불이 꺼지지 않는다

길에서 만나다

대청역에서 만난 할머니
짐 꾸러미 어깨에 지고, 양손에 들고 앞서간다
나의 목적지 3호선 가락시장역에서 내려 비척비척 걸어간다
도와줄까 말까, 저번에 다친 허리 또 탈이 나면 어쩌나
잠시 망설이다가 시골 어머니가 생각났다

제가 좀 도와드릴게요
몇 번 사양하다가 못 이기는 척 짐을 내어준다
묻지도 않았는데
쪽파가 하도 싱싱하고 가격도 괜찮아 샀어요
아저씨는 목사님이세요
아닙니다
살다 살다 이런 친절을 받아보기는 처음이라며
고맙습니다, 정말 고맙습니다
거듭 인사를 한다
8호선으로 갈아타는 입구에 짐을 내려놓고 돌아서는데
아저씨, 잠깐만요
주머니에서 만 원짜리 한 장을 꺼내더니

가시다 차 한잔하세요
괜찮다고 잘 가시라고 인사하며 뒤돌아섰다
나도 살다 살다 이런 감사의 표현을 받아보기는 처음이다

늙은 어머니도 저렇게 이고 지고
멀리 있는 자식 집을 찾아오셨다

오늘 돌아가신 어머니를 길에서 만났다

꿈의 경전

가는 철삿줄에 덩굴손을 감으며
언젠가는 저 높은 곳까지 오르리라 꿈을 꾸었다

때가 되면 꽃도 피우고 열매도 보란 듯이 큼직하게 키우리라
세찬 비바람과 가뭄이 다녀가도
꿋꿋이 견디며 하루하루의 삶을 가꿨다

파릇파릇했던 초등학교 6학년 시절
창밖의 허공을 초록 물결로 수놓은 수세미를 바라보며
저 높은 곳을 향하여 꿈을 꾸었다

찬바람 스치고 간 가을의 끝자락에 서서
초록 잎 위에 활짝 피운 노란 웃음 사라지고
덩그렇게 매달린 수세미

풋풋한 청춘을 회상하며 황혼에 깊게 물든 나
신기루처럼 나타났다 사라지는 꿈의 경전을 읽고 또 읽는다

소신공양

봉은사 미륵불 앞에
고개를 연신 끄덕이며
크고 작은 촛불들 기도를 한다

소망을 담아 켜놓은 촛불
조그만 유리 상자에 몸을 의탁한 채
매서운 바람이 소망을 끌려고 해도
심지를 붙잡고 끝까지 버틴다

성불을 위해
소신공양하는 스님처럼
흐트러짐 없이 제 몸을 태우고 또 태운다

미륵보살
한눈팔지 않고 기도하는 촛불을
온화한 눈빛으로 바라만 볼 뿐
말씀이 없다

가을 편지

산책로 곳곳에서
빨갛고 노랗게 써 보낸 편지
읽고 또 읽으며
그 아름답고 섬세함에 가슴 설렌다

자작나무는 몽당연필을 움켜쥐고
침을 발라가며
삐뚤삐뚤 서툰 글씨로
갸우뚱거리며 여태껏 편지를 쓰고 있다

앞집 벗나무, 계수나무
옆집 이팝나무, 화살나무는
일찍이 정갈한 글씨로 편지를 써 보내고
겨울잠 준비에 바쁜데
자작나무는
무슨 생각이 그리 많은지
무슨 미련이 남아있는지
단풍편지 한 장 쓰지 못하고

늦가을 끝머리에서
바들바들 떨고 서 있을까

자작나무를 바라보다가
서둘러 집으로 향했다
먼 길 떠난 어머니에게 못다 쓴 편지를 완성하기 위해서

돌멩이의 여행

물의 권유로, 물을 따라 첫 여행을 나섰다
물의 손을 잡고 수없이 아래로 아래로 굴렀다
내리막길을 급하게 내려갈 땐 으스러질 듯 아팠다
낭떠러지로 곤두박질할 때
간신히 물줄기를 붙잡았다
설렘은 곧 두려움으로 바뀌었다

작은 계곡을 지날 때는 한 걸음도 떼지 못하고
제자리에 머물렀다
한번 시작한 여행을 그만둘 순 없었다
물은 요리조리 피해갔지만
곳곳에 험상궂은 바위들이 늘어서서 길을 막았다
급류에 휩쓸릴 때, 좁은 계곡을 통과할 때
온몸이 상처투성이였다

계곡을 벗어날 무렵
순간 빠른 물살에 휘말려 혼탁한 물속으로 끌려 들어갔다
흐릿하여 앞이 보이지 않았다

붉은 흙탕물을 뒤집어쓴 채 잠수 중이었다

심호흡하며 빠져나갈 때를 기다렸다
한참 시간이 흐르고
저항할 틈도 없이 거대한 소용돌이에 다시 빨려 들었다
그리곤 정신을 잃었다

눈을 뜨니 강 밖으로 밀려나 있었다
날카로운 모서리는 갸름하고 매끈하게 변해있었다
어느새 상처는 단단하게 아물었다

주변엔 빽빽이 누워있는 돌멩이들
태양의 온기로 악몽을 치유하며
반짝반짝 빛나는 미래를 꿈꾸고 있었다

내게도 세상을 바라보는 아름다운 눈이 생겼다

마지막 웃음

이팝나무 가지 위에 마지막 웃음이 튀밥처럼 하얗다
팡팡 터지던 달짝지근한 웃음소리
바라만 보아도 배가 불렀다

텅 빈 아파트 단지
재건축 알리는 현수막이
펄럭이는 정문을 굳게 지키고 있다

15층까지 피던 그 불꽃
누가 스위치를 내렸을까
다가올 운명을 예견이라도 하듯
허리를 꼿꼿이 펴고 초조함을 달래는 이팝나무

담장 곳곳
상가喪家를 안내하는 조등처럼
한 발 한 발 다가오는 운명의 시간
몰려오는 불안감을 어둠 속에 묻고
옛 추억을 하나하나 내려놓고 있다

봄이 한창인 아파트 단지
꽃들이 마지막 웃음으로 적막을 밝히고 있다

소 풍

해맑은 아이들 색색의 가방을 메고
선생님 따라 종종걸음으로 소풍을 가는 병아리들
들뜬 마음으로 서로 손을 잡고 조잘거리는 발걸음 가볍다

오늘만큼은 아이들 세상
그 속에 노란 버짐이 핀 아이 힘없이 자꾸만 뒤처져
업고 올랐던 산기슭 오르막길이 아른거린다

김밥 대신 삶은 달걀 하나 달랑 싸 들고 뒤따라와
아이들이 쉴 때마다 꺼내 마시는 사이다를 바라보고 또 바라보며 쩍쩍 입맛을 다셨던,
소풍을 다녀온 뒤 곧바로 응급실에 실려 가
영영 일어나지 못한 아이

그 몸으로 어떻게 학교에 다녔을까
그 몸으로 어떻게 봄 소풍에 따라나섰을까

사월이 되면 소풍 가는 아이들 맨 뒤에

저만치 뒤처져 따라가는
사십 년 전 그 아이의 모습이 보인다

자작나무 숲

자작나무는 가을이 깊어 가면,
스스로 한 해의 삶을 평가 받는다
자율평가서를 보기 위해
수많은 평가단이 곳곳에서 몰려온다

자작나무의 은빛피부 곳곳에 새겨진 크고 작은 기록
노랗게 발그족족 차려입은 단정한 옷
모두가 한 해를 살아온 삶의 역사다
그 기록들은 하나하나 모여 그림이 되고 시가 된다
숲에 사는 작은 이웃들도
노랗고 빨간 시를 빈 공간 곳곳에 펼쳐 놓는다

평가단은 숲속을 거닐며 눈으로 마음으로
아는 만큼 느낀 만큼 평가를 한다
평가서는 말로, 휴대폰으로, 카메라로, 글로 작성해서
SNS에 뜨고 문예지에도 발표된다

자작나무는 평가단의 평가를 되새기며

알찬 내년을 준비하기 위해

모든 것을 미련 없이 내려놓고 깊은 잠에 든다

단단한 포옹

굉음이 아파트 창문을 흔들었다
찰나에 튀어나온 속도가 비명보다 빨라
잠의 머리맡에 우수수 떨어지는 불안의 조각들

잠의 뼈에 금이 가는 날이다

파리가 사라진 자리를 보면
두꺼비 혀가 다녀간 찰나를 알 수 있듯이
안 보고도 적중이다

돌진은 바퀴의 습관, 불쑥 들이미는 자동차의 속도를
나무는 엉겁결에 껴안고
여덟 시의 허리에서 연기가 뿌옇게 피어올랐다

소방차들 줄줄이 사이렌을 울리며
사거리 러시아워를 헤집으며 달려오고
아파트 창문에 얼굴들이 매달렸다

무슨 일이 있었기에 자동차는 흥분을 가라앉히지 못했을까
견인차와 사다리차의 부축을 받으며
자동차와 나무의 단단한 포옹을 풀고
팔순 노인이 걸어 나왔다

답답할 때 창문을 열고 바라보던 풍경 한 채
주차장 구석에 펼쳐진 그늘도
어젯밤 잣나무가지에 걸어 둔 내 약속도 함께 뭉개졌다

창밖엔 아홉 시의 이마를 딛고
잣나무 사고를 수습하는 전기톱 소리가
곡소리처럼 오 층 창문을 타고 넘어왔다

둘이 걷다

어둠은 내 걸음보다 빠르게 걸어왔다
해가 산 너머로 떨어지고 산모퉁이를 돌기 전
앞질러온 저녁이 산의 허리를 감싸며 오솔길을 지우고
둥지를 품은 나무들은 산비둘기 울음을 감싸 안았다
깜깜한 어둠의 겹이 숲을 휘감는 소리
두려움에 불을 켜야 한다
느릿느릿 발을 옮기는 순간
어깨가 나뭇가지에 걸리고
어둠 한구석이 찢어지는 소리가 들렸다
팔에 닿는 어둠이 서늘했다
발끝에 어둠이 밟히는 소리
내 소리에 놀란 어린 고라니가 어둠 한 줌을 끌고
더 깊은 어둠 속으로 내달렸다
한참을 걸어도 불빛은 보이지 않았다
홀로 걷는 숲길
그때 귀를 적시는 소리
산 계곡을 타고 흐르는 인월천이
나지막한 목소리로 마을을 향해 내려가고 있었다

어둠을 헤치며 밤길을 가는 것은
나 혼자만이 아니었다
어둠 속을 통과하는 강물도
더듬더듬 길을 찾아 마을로 내려가고 있었다

철 담장 위에

무더운 한낮 서초구청 길모퉁이를 걷다 보았다
나의 눈길을 끄는 것은
높은 철담장
촘촘히 뚫린 8밀리의 동그란 구멍으로
가냘픈 몸을 내밀며
벽을 타고 오르는 초록 넝쿨이었다

다가서서 바라보고 또 바라보니
뿌리와 몸뚱이 일부는 벽 너머에 있다
메꽃은
펜스에 한 땀 한 땀 수를 놓듯
작은 구멍을 움켜쥐고
암벽을 기어오르고 있었다
연분홍 꽃 두 송이를 끌고

숨 막힐 듯 조여오는 철 담장의 열기
그 누구도
삶을 펼치리라 생각할 수 없는 그곳

삭막했던 펜스에
꿈틀거리는 한 폭의 동양화가 살고 있다

제4부

―

동 심

겨울나무의 반성

한 해의 지나온 삶이 내 어깨를 툭툭 친다
깜짝 놀라 내 삶을 되돌아본다
난 앞만 보고 달려왔다
오직 한 줌의 햇볕, 한 방울의 물을 더 차지하기 위해
줄기차게, 매몰차게 싸우며 살아왔다
이웃들이 거센 비바람과 강추위에 쓰러지고 떠내려가도
본체만체하였다
내가 피해를 당하지 않은 것을 당연시하고 안도하면서…
겨울의 문턱에 와서 움켜쥐고 있던 욕심의 끈
하나하나 내려놓고 나서야
나와 이웃들의 삶이 하나하나 보인다
왜 그땐 이웃들의 아픔을 보지 못했을까
왜 그땐 이웃들을 경쟁의 상대로만 바라봤을까
왜 그땐 나만 생각하고 나만을 위해 행동했을까
이렇게 가깝고도 살가운 이웃들인 것을…
차갑게 몰아치는 비바람, 눈보라가
내 삶의 따끔한 채찍으로 다가온다

수묵화

간밤에 누가 그려 놓았을까
이 추운 겨울
어둠을 휘저으며 손을 후후 불며

붓도 화선지도 없이
느티나무 몸통에 그려 놓은 설화(雪花) 한 장
하얀 한 마리 사슴

겨우내 창밖 그 자리에
가만히 걸어놓고 싶은
저 설화

그 생각은 욕심이었나
구름을 걷어내고 해가 떠오르자
설화에 금세 긴장감이 묻어난다
눈꽃이 지고 있다
느티나무 밑동이 축축하다

팥죽 속의 새알심

동짓날 설법 전에 자리를 잡지 못해 서성이던 보살과 처사들
열한 시가 되자 하나둘 정재소 앞에 줄을 선다
나도 행렬 속 줄이 되어 염불은 뒷전이고
동지팥죽에 대한 경배에 열광한다

팥죽이 끓고 있다

먼저 공양하겠다고 나이를 앞세운 철판들의 줄타기 쇼가
곳곳에서 펼쳐진다
한 철판 분주히 머리를 굴리며
정재소 앞을 왔다 갔다 하다 은근슬쩍 내 옆에 붙어 선다
그리곤 주위를 살피며 줄 정리를 하는 척하더니
내 앞 대화 중인 모녀에게 절에 왔으면 조용히 기도하는 마음으로 기다려야지, 어디 신선한 기도 도량에서 시시덕거리며 떠드냐고 호통을 친다.
깜짝 놀란 모녀 입을 다물며 움츠리는 사이
은근슬쩍 내 앞줄이 된다
난 속셈을 알아차리고 '나무 관세음보살'을 암송하며

들끓는 마음을 다독거린다

팥죽이 끓고 있다

새치기하며 부처님을 들먹이는
그 당당함은 어디서 오는 걸까
내 생각이 무거워진다
육중한 생각 속을 헤매고 있는 사이
늙은 철판은 더 빠른 줄타기를 위해 눈동자를 굴리며, 생각을 굴린다
그리곤 곡예 운전을 하듯 옆줄에서,
옆줄로 또 줄을 바꾸어 탄다
놀라운 변신이다

팥죽이 끓고 있다

어느새 맨 앞줄에 서서 팥죽을 받는다
눈빛은 이리처럼 빛나고, 혓바닥은 뱀처럼 교활한 철판

날렵한 줄타기 기술까지 갖췄으니 세상 어디에 내놓아도 밥 굶을 걱정 없겠다 늙은 철판의 삶 속에 부처는 어떤 의미로 다가올까

붉은 팥죽을 뒤집어쓴 새알심이 반짝인다

호수의 눈물

맑고 쾌청한 호수를 찾은
수많은 사람들
넉넉하고 시원한 풍경에 찌든 마음을 헹구고 간다

석양을 뒤따라 온
어둠은 호수 주변을 접수한다
사람들이 모두 떠나고
적막이 흐르면
공기 속으로 숨어든 눈물은 안개가 되어
그녀 주변에 부옇게 연막을 친다
그 누구도 그녀의 눈물이 안개라는 사실을 눈치채지 못한다
해가 뜨면 눈물 자국들은 흔적도 없이
지워지고 만다

그녀는 안개의 농도로 주변의 풍경을
알 듯 모를 듯 표현한다
눈치 빠른 자만이 그 슬픔의 차이를 알 수 있다
안개는 그녀의 슬픔의 농도와
현재의 기분을 볼 수 있는 척도다

구름 수채화

오후 내내 수채화를 그리고 또 그린다
구름은 붓을 들고
푸른 바탕에 흰색을 바르고
그 위에 검정을 조금씩 덧칠하며
생각을 하나하나 다듬고 있다
수시로 완성된 그림을
하늘에 걸어 둔다
삶에 지친 사람들을 위로라도 해 주려는 듯

어디에서 몰려 왔을까
수많은 양 떼 무리가 풍경이 되어 하늘에 떠 있다
때론 격렬하게 때론 부드럽게
터치한 기법들
무엇을 말하려는지 알 듯 모를 듯

그림 곳곳에 명암으로 색다른 장치를 해 놓았다
우울함, 은은함, 경쾌함, 육중함이 배어 나오더니

물감을 엎질렀는지 사방이 깜깜하다
그는 이제 붓을 내려놓는다

운전 면허증

먼지가 쌓인
운전 면허증을 꺼내 운전대를 잡았다
두려움이 바짓가랑이를 잡고 늘어지는 봄날
불안한 마음이 뒤따라 나선다
다리를 다친 아내의 출장을 돕기 위해
고속도로에 오르니 길이 사납다
휙휙 지나치는 속도에 움찔,
눈곱이 낀 듯 침침한 눈을 비비며
어눌하게 가속페달을 밟는다
달리는 속도를 맞추기 위해
좌우 길의 눈치를 살피며
고속도로가 이끄는 대로 끌려간다
보다 못한 운전대가 덜덜 떠는 마음을 꽉 붙잡아 준다
연초록으로 갈아입은 나무들도
도로변 곳곳에 나와 손을 흔들며 길 안내를 자청한다
옆자리 아내도 격려하며 거든다
그 한마디에 침침하던 길이 차츰 밝아온다
굳어있는 면허증의 긴장이 풀리자

자동차도 옛 감각을 되찾았다
자동차의 눈치를 살피던 고속도로는
속도를 높여 자동차를 끌고 달려간다
면허증에 쌓인 먼지의 시간이 차츰 씻겨나간다

작은 화분

구석진 곳을 차지한
저 작은 화분
그가 가진 것은 모서리뿐이다
햇볕 한 줌 물 한 모금 먹을 수 없는 그는
한 마디뼈도 늘일 수 없다
그의 키는 늘 한 뼘
그의 먹이는 떠도는 먼지뿐이다
사람들의 잡담이나 매캐한 담배 연기를
물처럼 마시며
늘 그 자리를 지키고 서 있다
산 듯 죽어있는
저 화분의 뼈는 가느다란 철사 몇 개
철사를 붙잡고 있는 건 초록의 플라스틱 이파리들
화분을 메운 이끼 한 줌에 발이 묶여
그는 몇 년째 저 구석을 떠나지 못한 채 지키고 있다
이름조차 알지 못하는
저 작은 화분은
밤에도 발 한번 뻗지 못하고,

평생을 꽃 한번 피워보지 못한 불임의 삶을
숙명으로 안고 산다
푹푹 찌는 무더위에도
덥다고, 목이 마르다고 불평 한마디 없다
저 푸른 화분
그저 화분이라는 이름으로
안간힘을 쓰며
오늘도 묵묵히 구석을 지키고 서 있다

은행나무를 오독하다

바람 불던 날
창가의 은행나무 온몸을 흔들며 창문을 두드린다
여보세요 거기 아무도 없어요
무심히 바라보다
내가 관여할 일이 아니어서 그냥 돌아섰다
잠시 후 또다시 들려오는
우두둑우두둑
뼈가 부러지는 소리
절규에 가깝다

그래도 반응이 없자
방충망을 갈기갈기 찢어놓았다
순간 화가 치밀어 창문을 열고
잡히는 대로 나무의 손목을 잘라버렸다
한동안 겁에 질린 모습으로
아파트 벽에 온몸을 부딪치며 울부짖는다

뒤늦게 그 이유를 알았다

서로 어깨를 맞대고 의지하던 잣나무가
지난해 자동차에 치여 세상을 떠난 뒤
처음 겪는 강풍이 얼마나 두려웠을까

바람이 잦아든 뒤
어깨를 축 늘어뜨리고 서 있는 은행나무,
잘려나간 손목에서 핏물이 뚝뚝 떨어진다

내미는 손을 잡아주지 못한
내 생각이 짧았다

동 심

비가 갠 날 아침 아파트 산책로
길마중길을 걷던 두 할머니
큰 소리로
언니, 언니 하늘 좀 봐
이렇게 파란 하늘 위에 피어나는 뭉게구름
멋지지 않아요
난, 이렇게 아름다운 하늘 처음 봐요
감탄 소리와 함께
한 할머니의 두 손이 어깨 위로 오르는가 싶더니
둥실둥실 소녀처럼 춤을 춘다
소녀가 된 할머니 몸도, 마음도 청춘이다
흥겨운 춤사위가 길을 꽉 메우고 있다
그 모습 바라보다가 올려다본 하늘은 열려있다
깨끗이 닦아낸 듯 맑디 맑다
푸른 옷을 입고 있다
그 위에
몇 송이 뭉게 구름꽃을 피워들고 떠 있다

아름다운 그 모습
내 눈과 마음을 꽉 붙들고
순간 동심의 세계로 들어간다
내 마음 붙잡고 흥興 속으로 데리고 들어갔다
흥에 인색한 나
한참을 망설이다
하늘의 뭉게구름 위에 올라
덩실덩실 춤을 추고 있었다
나는 이미 소년이 되어있었다

나한의 미소

오백 나한*들
질박하고 친근한 얼굴로
삶에 지친 우리들을 찾아왔다

산과 바위, 동굴에서 수행하던 구도자들을 만났다
석공은 어떤 마음으로 평생을 다 바쳐
저 단단한 바위에서 온화한 미소를 꺼냈을까

600여 년의 시간이 흐르고 또 흘렀어도
그들은 깊은 잠에 빠져 있었다
2001년 5월 영월 주민 김병호 씨의 삽 한 자루를 따라
세상 밖으로 걸어 나왔다
그 캄캄한 어둠 속에 묻혔어도
저 미소는 녹슬지 않았다
길고 긴 어둠의 시간
끊임없는 수행으로
순진무구한 미소를 지키고 있었다

───────
*나한: '아라한'의 줄임말, 수행으로 번뇌를 소멸시켜 깨달음을 얻은 불교의 성자

남루한 장삼을 걸치고
잔잔한 미소를 머금은
두 손에 보주**를 든 나한은
중생들에게 어떤 위로의 메시지를 전하려 오셨을까

가만히 두 손을 모은다

**보주: 소원을 들어주는 구슬

그를 대신해서 죽었다

서른 살 먹은 잣나무는
온몸으로 자동차를 껴안고 있었다
연기가 뿌옇게 피어오르는
이른 아침 굉음을 울리고 있었다
아파트 주차장 한쪽 구석
소방차들이
줄줄이 사이렌을 울리며 달려왔다
출동한 119 구조대의 도움으로
팔순의 할아버지 멀쩡한 몸으로 걸어 나왔다
상상할 수 없는 속도가
아파트 벽을 향해 돌진한 것이다
무슨 일이 있었기에
자동차는 흥분을 가라앉히지 못했을까
이구동성으로 나무가 할아버지를 살렸다고 한다
저 자동차와 나무의 마지막 포옹
얼마나 단단했는지
견인차와 사다리차의 부축을 받으며
아등바등 빠져나왔다

함께 늙어가던 은행나무도 눈을 뜨고
잣나무의 마지막을 목격했다
답답할 때 창문을 열고 바라보던
아름다운 풍경 한 채가 사라졌다
어젯밤 잣나무 가지에 걸어 둔
내 약속도 함께 사라졌다
저 아파트 주차장 구석도 이제 믿을 수가 없다

창밖에서는
오전 내내 잣나무 시신을 수습하는 전기톱 소리가
곡소리처럼 아파트 오 층까지 창문을 타고 넘어왔다

사람이 그립다

세상이 단절되었다
사람과 사람, 마음과 마음(들)이
섬처럼 고립되었다
육지로 나가려면 배를 타야 하듯
집을 나서려면 마스크를 써야만 한다
사람을 만나는 일이 무서워 마스크의 보호 아래 만난다
길에서나 전철에서나
마스크를 안 쓴 사람을 보면
그 곁을 피해 거리를 두거나 다른 길로 걷는다
어느 순간부터 마음이 불안하고 우울하다
설상가상
뻥 뚫린 듯 하늘은 쉬지 않고 비를 쏟아낸다
집이 잠기고 산이 무너져 내리고 강이 넘실거리며
닥치는 대로 쓸어간다
간간이 나서던 산책도 멈춘 채
며칠째 집안에 갇혀 지낸다
바이러스와 비가 가는 곳마다 따라와 오갈 곳이 없다
몸은 몸대로 마음을 마음대로

못 살겠다고 아우성이다
우리에 갇혀 사는 짐승과 무엇이 다를까
사람은 사람끼리 부대끼며 살아야 하는데

창밖의 풍경

푸른 속살을 드러내며 출렁인다
작은 소리로 속삭이며
때론 큰 소리로 소리치며
그리곤 또다시 다가오는 물결
바다는 넓은 아량을 베푸는가 싶다가
작은 일에 마음이 뒤집혀 포효한다

조심조심 바다를 살피며 항해하는 작은 어선 한 척
간간이 바다 위를 순찰하는 갈매기
방파제 위에 떼 지어 앉아
고향 생각에 잠겨있는 가마우지
밀려오는 거센 파도에
온몸으로 맞서는 바위와 방파제
바다의 소품처럼 적재적소에 펼쳐져 있다

하얀 물보라를 일으키며
다가왔다 사라지는 크고 작은 파도,
수평선 너머 하늘과 바다가 맞닿은 그곳에

촘촘히 뭉게구름 피어오른다

숙소 소파에 앉아
창 너머 바다 풍경에 푹 빠져드는 나른한 오후
파도가 내 발끝을 적시고 빠져나간다

눈 길

아침 일찍 길이 나를 부른다
커튼을 열고 바라본 세상이 하얗다
아랫목에 널브러진 마음을 챙겨
카메라를 메고 집을 나섰다

수북이 쌓인 눈을 밟으며 걷는다
다리(架橋)의 안내를 받으며
탄천 한가운데 서서 바라본다
묵묵히 제 갈 길 가는 탄천(炭川)
물오리 떼의 자맥질이 한창이다
하얀 눈으로 치장한 층층나무 조팝나무 모감주나무
강을 호위하는 무사처럼 묵묵히 서 있다

신이 난 카메라 연신 셔터를 누른다
찰칵찰칵
하얀 눈을 뒤집어쓴 풍경들
태풍을 피해 피항(皮港)하는 어선들처럼
카메라 품으로 하나둘 뛰어든다

물오리 떼,
호위하는 무사들,
흐르는 탄천
내리는 눈발에 서서히 지워진다

사계절의 생존 방식

눈 내린 도로변 큰 건물 배꼽 위
사각 타원형 브라운관에는 사계절이 살고 있다

내장된 계절의 순서에 따라
봄 벚꽃, 유채꽃
여름 백합꽃, 상사화
가을 코스모스, 국화
겨울 눈꽃이 나뭇가지 위에 활짝 피어난다

저 꽃은
물이 부족하거나 화분이 없어도
세찬 눈보라가 몰아쳐도
시드는 법이 없다
잠시 피었다 조용히 사라질 뿐
그러다 제 순서가 되면
다시
싱싱한 얼굴로 피어나 자태를 뽐낸다

일 년 내내 그 모습 그대로 피고 또 피어나는
저 꽃들은
서로 앞지르거나 가로막지 않는다
모두 제 순서를 알고 있다

지구 온난화로 이상체질이 된 사계절은 요즘
브라운관 속으로 피난 중이다

안개에 대하여

가로등 불빛이 어둠을 힘겹게 받치고 서 있는
유리창 안 한쪽 공간에 내가 갇혀 있었다
영문도 모른 채 갇혀 있는 나에게 빛이 다가와
눈부신 눈초리로
여기서 무엇을 하느냐고 물었다
아무 대답도 못 하고 말똥말똥한 눈초리로 빛을 바라보았다
나도 왜 여기에 내가 와 있는지,
무엇을 하고 있는지 알 수 없는데…,
그 공간에서 흐릿한 정신이 오락가락한 순간에도
나의 눈동자는 마치 어떤 실마리를 찾으려는 것처럼
무의식적으로 불빛을 쫓고 있었다
불빛을 쫓으며 정신이 조금씩 다가와
나는 당황하기 시작했다
그러나 당황한 그 틈새 속에 숨은 정신은
생각의 뿌리를 감춘 채
오랫동안 형체를 나타내지 않았다
불빛의 지배를 받고 있었던 머릿속 생각들이
단단히 얼어 붙어 있었다

오랫동안 새장 속에 갇힌 종달새처럼 불빛에 갇혀
꽁꽁 언 생각들
녹여볼 방안이 떠오르지 않아 나 아닌 나의 모습이
불안하고 걱정이 되었다
그 순간 전화벨이 울렸다
딸에게서 걸려온 전화에 나의 실체가 서서히 밝혀졌다
흐릿한 생각들이 안개를 걷어내며 드러낸 나의 모습들은
전북대학교병원에 입원 중인 아버님 병시중을 위해
부산에서 올라온 사실,
화장실에 한참을 쓰러져 있다 깨어나
복도에 서 있었던 사실,
나는 나 아닌 내가 되어
병원 복도에 서성거리고 있는 안개를 발견한 것이다

단 풍

여름이 점점 시들해 갔다
뭔가 자극이 필요했다
하늘은 차가운 바람을 여름의 갈피 사이사이에 뿌리고
곳곳에 찬바람을 배송하기 시작했다
결이 다른 찬바람에 숲은 옷깃을 여미었다
공원의 은행나무, 느티나무가 연신 재채기를 했다
차츰 얼굴색이 노랗게 질리더니 붉은빛을 띠었다
나무들이 몸을 움츠릴 때마다
가을이 짙게 물들어갔다
스치는 바람의 감촉에 나무들은 깨달았다
겨울이 코밑까지 다가오고 있음을
모든 걸 체념하고 이별을 준비하는 동안
아름다운 자태가 입소문을 타고 널리 퍼졌다
소문을 듣고 곳곳에서 달려온 구경꾼들
휴대전화와 카메라 플래시를 터뜨렸다
이별 직전의 나무들은 모두 붉거나 노랬다
눈과 마음을 감싸 안은 늦가을은

노을 진 서쪽 하늘과

내기하듯 아름다움을 뽐내고 있었다

검은 돌

교대시간 맞춰 집을 나서는 아버지
산을 넘어 일터로 가는 길
수풀 속에 음습한 어둠이 똬리를 틀고 있었다
으스스한 기운에 움츠러들다가도
어둠의 심장을 겨눌 검은 돌 하나
부스럭, 소리에도 바짝 귀를 세웠다
주머니 속에서 튀어나올 준비를 마치고
꽉, 주먹을 움켜쥐었다

허공을 날아 어둠의 내장을 가르며 착지할 곳은 어디일까
어둠의 이마를 명중하고 피가 묻었던 돌
어떤 비명이 화들짝 길을 터주며 물러선 적도 있었다
소리보다 빠르게 날아가 적중하던 날
아버지는 풀숲을 뒤져 돌을 찾아냈다

와르르 불안이 덮치는 막장
헤드 랜턴 하나로 갱도를 오간 아버지

탄가루가 묻은 주머니 속 검은 돌은
불안을 잠재운 아버지의 믿음이었다

겨울 아침 연탄불에 돌을 구워주시던 할머니
얼어붙은 손을 감싸던 따끈한 온기가
아직 남아 있다고 하셨다

병상에 누운 머리맡을 지키는 돌 하나
싸늘히 식어 가는데,

이젠 아무도 돌을 굽지 않는다

손이 하얀 아이들은 아침마다
가벼운 핫팩을 들고 집을 나선다

아침과 약속하다

커튼의 뒤쪽에 딴 세상이 있다
밤과 낮의 얼굴이 다르다

창밖에는 눈길을 걸어온 저녁의 발목이 수북하다
잊었던 약속이
침대에 널브러진 잠을 일으키고
저 눈밭에 싱싱한 발자국을 찍으라고 등을 떠민다

카메라를 메고 길을 나서니
조반도 거른 아침이 졸졸 뒤를 따라온다
탄천 한가운데 다리 위에서
아침과 헤어졌다
내일 아침
저 산봉우리 위에서 다시 만나기로 하고

얼마 만인가 홀로 바라본 탄천(炭川)
묵묵히 아홉 시를 벗어나고 있다

물오리 떼는 아침밥상을 챙기느라 부산하다

흰 모자를 소복이 둘러쓴
모감주나무, 층층나무, 이팝나무들
강을 호위하는 무사처럼 강변에 도열해
왠지 저 탄천이 미더워진다

찰칵찰칵 즐거운 비명에
하얀 눈을 뒤집어쓴 풍경들
태풍을 피해 피항(皮港)하는 어선들처럼
카메라 품으로 뛰어든다

자욱한 눈발이 서서히 탄천을 지운다
이쯤에서 나의 외출도
열 시의 방향으로 지워진다

강의 울음을 듣다

여울목이 운다
안개를 타고
강의 목소리가 마을까지 떠내려온다
해 뜨면 사라져버릴 저 울음
제 우는 모습 보이지 않으려는 듯
안개 뒤로 숨은 날은
강의 얼굴이 보이지 않지만

몰래 흐느끼는
그 울음이 가장 크게 들린다

그런 날은 마당 바지랑대 허리가 휘고
빨래가 축축이 젖는다
강이 실컷 울도록 아침은 늦장을 부리며
느릿느릿 마을까지 걸어온다

태양이 도착할 무렵
안개와 함께 강은 울음을 그친다

눈과 귀가 많아
수돗물을 틀어 놓고 울었다는 어머니
나도 아버지가 되어 그렇게 눈물을 삼킨 적 있다

미처 마르지 못한 세상의 얼룩들
한 장 한 장 드러나는 때,

저 무논은 얼마 동안 제 품에 봄의 목청을 묻어둔 것인가
경칩이 지나니 숨어있던 울음이
강둑까지 기어오른다

강의 허리까지 봄이 자욱하다

시작노트 및 해설

1. 시작노트

이 시집은 공식적으로는 두 번째 시집이다. 매년 내가 쓴 시를 스스로 편집하여 한 권의 시집으로 제본해서 책꽂이에 꽂아놓고, 가끔 꺼내 읽으면서 성취감을 느끼는 단 한 권의 시집은 여러 권이 있다. 나의 시는 어떤 깊은 철학에 바탕을 둔 세련된 언어로 쓰인 그런 詩라기보다 나 자신만의 눈으로 보고 느낀 내 삶의 흔적들을 표현했다.

여기 실린 시들은 편의상 4부로 나누어 부별 두 편을 선정하여 시작 노트를 소개하고자 한다.

제1부

체감온도가 영하 20도를 오르내리는
추위가 이어진다는 일기예보를 들은 지
엊그제 같은데,
양산 통도사 홍매화
친구의 웃음처럼 활짝 웃는 얼굴
화신열차를 타고 달려왔다

살을 에는 밤공기를 가르며

봄이 왔음을 알리기 위한 사명감 하나로

온 우주의 근원을 머금은 분홍이

불쑥 봄을 내민 것이다

때가 되면

화사한 얼굴로 찾아와

미소 짓다가

갈 땐 미련 없이 시간을 내려놓는 홍매화

카톡, 카톡

내 손 안에서 부지런히 꽃피고 있다

「요즘 꽃」 전문

  양산 통도사 홍매화는 수북이 내린 눈이 나뭇등걸에 붙어 꽁꽁 얼어붙어 있는데, 추위도 잊은 채 봄이 왔음을 알리기 위해 얼음의 틈새를 비집고 꽃망울을 활짝 피워 들고 세상에 나온 홍매화, 이 모습 혼자 보기엔 아까워 곧바로 카톡으로 보내준 친구의 따뜻한 마음을 표현했다.

초겨울날 오후 공원에 올라

거꾸로 매달리기 운동기구에서 바라본 하늘

구름 한 점 없이 맑고 푸르다

아름다움에 푹 빠져 하늘을 보고 또 바라보는

나를 내려다보며, 마치 하늘이

'그대는 지금껏 부끄럼 없는 삶을 살아왔는가?'

묻는 것만 같았다

순간 더는 하늘을 바라보지 못하고 눈길을 좌우로 돌렸다

그때 나의 시선을 잡아끄는 것은

느티나무, 오동나무, 메타세쿼이아, 플라타너스

그들은 침묵을 지키고 서 있다가 바람이 불어오자

몸을 흔들며 서로 말을 하기 시작했다

그들의 언어는 바람이었다

대화를 나누는

억양과 말투가 각기 달라 보였다

메타세쿼이아는 온몸을 흔들며 조잘조잘 속사포로 말을 하고,

오동나무는 약간 빠른 어투로 손짓을 섞어가며 말을 했다

느티나무나, 플라타너스는

어쩌다 고개를 끄덕일 뿐 주로 묵묵히 말을 듣기만 했다

그들의 대화를 귀 기울여 들어봐도

무슨 말을 하는지 알 수 없어 답답했다

그러나 한 가지 분명한 사실은

몸과 마음이 튼실하게 자란 나무일수록

누가 어떤 말을 하든 중심을 잃지 않고

나긋나긋 대화하는 모습이었다

사람이고 나무이고 중심을 잡아주는

건강한 삶의 철학을 지니고 사는 삶은 늘 여유가 느껴진다

작은 일에도 허둥지둥 당황하며 살아온 나

지난 삶을 생각을 해보니

나는 중심을 놓치는 일이 많았다

「거꾸로 누워 바라본 하늘」

   공원에 있는 운동기구에 누워 바라본 메타세쿼이아, 오동나무, 느티나무나, 플라타너스들의 움직임을 나무들의 언어로 생각하며 표현했다. 튼실하게 자란 나무일수록 중심을 잃지 않는 모습을 보며, 중심을 잡지 못하고 허둥지둥 살아온 나의 삶과 연계해서 표현했다.

제2부

딱 한 줌이다

손아귀에 꼭 맞는

카페 흡연실 구석진 곳을 차지한

저 작은 화분

푸른 표정에도 먼지가 낀다

그가 가진 것은 모서리가 전부

햇볕 한 줌 물 한 모금 없어

키는 늘 한 뼘

먹이는 떠도는 매캐한 연기뿐이다

카페 흡연실 문이 열릴 때마다 묻어온

커피 향은 쓴맛이다

누군가 뱉어놓은 짙은 한숨에는

심장이 타들어 간 냄새가 있다

잡담이나 세상의 이야기를 마시며

늘 그 자리에

산 듯, 죽어있는

저 작은 화분의 뼈는

가느다란 철사 몇 개

철사를 붙잡은 초록의 플라스틱 이파리들

화분을 메운 이끼 한 줌에 발이 묶여

몇 년째 불편한 모서리를 붙잡고

그저 화분이라는 이름으로

묵묵히 구석을 지키며 늙어간다

독한 연기를 뿜어대도 불평 한마디 없이

모서리가 가진 것도

유일한 저 소품뿐이다

「모서리가 품은 한줌」 전문

   카페 흡연실 한쪽 구석에 작은 인조화분이 놓여있다. 온몸을 철사로 동여매고 철사에 의지하며 하루하루를 살아간다. 실내에 가득 찬 담배 연기에 불편도 하련만 참고 견디며 모서리를 보물처럼 붙잡고 늙어가는 화분을 바라보며 그때의 나의 주관적인 느낌을 썼다.

우성아파트 담장 커브 길을 돌아서며

강남 지하상가에 가서 모자나 하나 더 살까 생각했다

그 순간 돌풍이 부는가 싶더니

내 모자가 사라졌다

길 주변을 아무리 찾아봐도 보이지 않는다

담장 너머 아파트 화단으로 날아갔나 싶어

눈을 크게 뜨고 담장 안쪽 이곳저곳을 훑어본다

아파트 안으로 들어가기 위해

담장을 돌아 정문으로 가면서 생각해 보았다
모자가 내 마음을 알아차린 순간,
그간의 헌신적인 봉사에 대한 배신감으로
바람 타고 도망간 건 아니었을까
아파트 화단에 들어가 구석구석을 살펴봤다
갑작스러운 이별에 서운한 마음을 달래며
되돌아 나오려는데
그가 나뭇가지 위에 넋을 놓고 앉아 있었다
다가가 다독여 주고,
아무 일도 없었던 것처럼 머리에 쓰고 나왔다
모자의 월담은 무죄인가

「모자의 월담」 전문

   강남역을 향해 가면서 이 기회에 모자나 새것으로 하나 사 서 써 볼까 생각하는 순간, 우연의 일치였을 까 순간 돌풍이 불더니 내 모자가 사라졌다. 길을 좌우로 살펴봐도, 아파트 담장 안쪽 여기저기를 아무리 살펴봐도 모자의 모습은 보이지 않았다.
   그때의 상황과 나의 마음을 담담하게 표현했다.

제3부

추운 겨울 어둠이 내려앉으면
남이섬은 길 가장자리 곳곳에 놓인 화로에
모닥불을 피워놓는다
불은 한참 동안 연기를 내 뿜으며 활활 타다가
잉걸불로 다시 태어난다
이글거리는 불,
산책 나온 관광객들의
차가운 손과 마음을 따뜻하게 다독여주고
때론 등불이 되어준다
잉걸불의 눈꺼풀이 감길 때마다
바람이 가만가만 다가와

'자면 안 돼 자면 안 돼' 속삭이듯
눈을 떴다 감으며 제 몸이 다할 때까지
불을 지킨다

추운 겨울날 화롯불 주변에
옹기종기 둘러앉은 형제들
아버님이 들려주시던 옛날이야기에
푹 빠져들곤 했다

길을 따라 가만가만 걷는 발걸음 따라

이글이글 타오르는 잉걸불처럼 부모님을

그리는 마음

따끈따끈 가슴에 피어오른다

추위도 잊은 채

훈훈한 풍경과 추억 속에 젖어

어둠을 헤치며 걷고 또 걷는다

「남이섬의 잉걸불」 전문

   코로나로 온 세상이 차단된 상태, 질식할 것 같은 몸과 마음에 숨통을 틔워주기 위해 온 가족이 남이섬에 갔다.

   산책길 곳곳에 놓여있는 화로에 잉걸불을 피워놓아 낮에는 언 몸을 데워주는 난로가 되고, 밤에는 꽁꽁 얼고, 깜깜한 밤에 산책하는 사람들의 눈이 되고, 추위를 녹여주는 난로가 되어주는 잉걸불, 바라만 보아도 몸과 마음이 따뜻해진다.

   화로는 어린 시절 추억을 소환한다. 형제들이 화롯불에 둘러앉아 아버님이 들려주시던 옛이야기에 푹 빠져들곤 했다. 산책을 하며 추위를 녹여주는 이글이글 타오르는 잉걸불 앞에 코로나 균도 태워 없애 줄 것 같아 위안을 받으며 움츠렸던 어깨를 펴고 마음 편안하게 산책을 했던 그때의 느낌과 바람을 썼다

올 1월 온 가족이 제주도에 여행을 갔다. 마지막 날 바다에 인접한 숙소, 아침에 일어나 의자에 앉아 바라본 바다 위에 펼쳐진 아침 풍경을 보며 그때의 나의 감성을 글로 표현했다.

산책로 곳곳에서
빨갛고 노랗게 써 보낸 편지
읽고 또 읽으며
그 아름답고 섬세함에 가슴 설렌다
자작나무는 몽당연필을 움켜쥐고
침을 발라가며
삐뚤삐뚤 서툰 글씨로
자우뚱 거리며 여태껏 편지를 쓰고 있다
앞집 벚나무, 계수나무
옆집 이팝나무, 화살나무는
일찍이 정갈한 글씨로 편지를 써 보내고
겨울잠 준비에 바쁜데
자작나무는
무슨 생각이 그리 많은지
무슨 미련이 남아있는지
단풍편지 한 장 쓰지 못하고
늦가을 끝머리에서
바들바들 떨고 서 있을까

자작나무를 바라보다가

서둘러 집으로 향했다

먼 길 떠난 어머니에게 못다 쓴 편지를 완성하기 위해서

「가을 편지」 전문

    산책로에 있는 벚나무, 계수나무, 이팝나무, 화살나무는 모두 울긋불긋 단풍 옷을 다 벗어 던지고 겨울맞이 준비에 한창인데, 자작나무는 아직도 녹색 옷을 입은 채 바람이 불 때마다 흔들리며 서 있는 모습을 보며 '가을 편지'란 제목으로 내가 보고 느낀 바를 표현했다.

제4부

아침 일찍 길이 나를 부른다

커튼을 열고 바라본 세상이 하얗다

아랫목에 널브러진 마음을 챙겨

카메라를 메고 집을 나섰다

수북이 쌓인 눈을 밟으며 걷는다

다리(架橋)의 안내를 받으며 탄천 한가운데 서서 바라본다

묵묵히 제 갈 길 가는 탄천(炭川)

물오리 떼도 자맥질이 한창이다
하얀 눈으로 치장한 층층나무 조팝나무 모감주나무
강을 호위하는 무사처럼 묵묵히 서 있다
신이 난 카메라 연신 셔터를 누른다
찰칵찰칵
하얀 눈을 뒤집어쓴 풍경들

태풍을 피해 피항(皮港)하는 어선들처럼
카메라 품으로 하나둘 뛰어든다
물오리 떼, 호위하는 무사들, 흐르는 탄천
내리는 눈발에 서서히 지워진다

「눈길」 전문

아침에 일어나 창밖을 바라보니 공원에 하얀 눈이 소복이 쌓여있었다. 그 모습에 이끌려 카메라를 챙겨 들고, 탄천으로 향했다. 탄천 다리에서 바라본 강물과 주변의 모습을 하나하나 카메라에 담으며 그때의 느낌을 묘사했다.

여울목이 운다
안개를 타고
강의 목소리가 마을까지 떠내려온다
해 뜨면 사라져버릴 저 울음

제 우는 모습 보이지 않으려는 듯
안개 뒤로 숨은 날은
강의 얼굴이 보이지 않지만
몰래 흐느끼는
그 울음이 가장 크게 들린다

그런 날은 마당 바지랑대 허리가 휘고
빨래가 축축이 젖는다
강이 실컷 울도록 아침은 늦장을 부리며
느릿느릿 마을까지 걸어온다

태양이 도착할 무렵
안개와 함께 강은 울음을 그친다

눈과 귀가 많아
수돗물을 틀어 놓고 울었다는 어머니
나도 아버지가 되어 그렇게 눈물을 삼킨 적 있다

미처 마르지 못한 세상의 얼룩들
한 장 한 장 드러나는 때,
강의 허리까지 봄이 자욱하다
저 무논은 얼마 동안 제품에 봄의 목청을 묻어둔 것인가

경칩이 지나니 숨어있던 울음이

강둑까지 기어오른다

「강의 울음을 듣다」 전문

　내 고향은 섬진강 상류인 적성강이 흐른다. 안개가 잔뜩 낀 날 아침이면 여울목을 흐르는 물소리가 집까지 또렷하게 들린다. 해가 떠오르면 안개가 사라지고, 언제 그랬냐는 듯 강의 울음도 사라진다.
　어린 시절의 아련한 추억 속에 남아있는 안개와 여울목의 이야기를 썼다.

2. 시 평

일상 속 인간 존재와 내면을 깊이 탐구하는 시인

이삼현(시인)

권수인 시인을 10년쯤 알고 지내며 느낀 소감은,
일상적이고도 자연적인 요소를 중심으로 인간 존재와 내면을 탐구하는 시인이라고 감히 평가드리고 싶습니다.

오랜 교직 생활 속에서 움튼 그의 시적 세계는 감각적이고 세밀한 이미지로 구성되며, 인간과 자연, 그리고 시간의 흐름에 대한 깊은 성찰을 보여줍니다. 권수인의 시는 구체적인 상황과 이미지를 통해 보편적인 정서를 끌어내고, 이를 통해 독자들에게 삶의 고통, 고독, 그리고 희망을 동시에 전달하려 합니다.

1) 일상적이고 현실적인 이미지 사용

권수인 시인은 일상적인 것들 예를 들어, 가족, 자연, 사고, 병상, 풍경 등을 소재로 삼지만, 이를 통해 보편적이고 깊은 감정을 전달합니다. 일상적인 상황을 통해 드러나는 고통과 위안, 기억과 상처, 삶의 반복성은 권수인 시인의 중요한 테마입니다.

예를 들어, 「단단한 포옹」에서의 자동차 사고나 「검은 돌」에서의 아버지의 고난은 일상적인 사건을 기반으로 하여, 그 사건이 인간 내면에 미치는 영향과 내면적 신념을 탐구합니다.

또한 「마음 상상력」에서는 병을 통해 새로운 세계를 보게 된다는 관점이 신선하고, 내면을 탐색하는 과정이 잘 묘사되어 있습니다.

그는 구체적인 이미지와 상황을 통해 추상적인 감정이나 심리를 드러내는 뛰어난 능력을 보여줍니다.

2) 자연과의 관계

권수인 시인의 시에서 자연은 중요한 역할을 합니다. 시인은 자연의 현상과 변화를 인간의 내면적인 감정이나 삶의 과정과 결합하여 묘사합니다. 예를 들어, 「아침과 약속하다」에서는 탄천의 흐름과 물오리 떼 등을 통해 시간의 흐름과 자연의 리듬을 묘사하며, 자연을 그저 배경으로 사용하지 않고 인간의 삶과 밀접하게 연결된 존재로 그려냅니다. 자연은 그의 시에서 내면의 상태를 반영하거나, 인간이 겪는 갈등을 표현하는 매개체로 작용합니다.

「검은 돌」에서 나타나는 돌은 상징적 존재로서, 단순히 자연의 일부분을 넘어서, 인간의 믿음, 고난, 의지를 나타내는 중요한 요소로 기능합니다. 권수인 시인은 자연을 의인화하거나 상징적인 역할을 부여하여, 인간 존재를 탐구하는 도구로 사용하는 데 능숙합니다.

3) 고독과 고통의 묘사

권수인의 시에서 자주 등장하는 또 하나의 주제는 고독과 고통입니다. 고립감, 불안, 우울함 같은 감정은 그의 시에서 매우 중요한 역할을 하며, 이는 주로 사회적 거리 두기, 병상에 누운 사람들, 자연의 변화를 통해 묘사됩니다. 예를 들어, 「사람이 그립다」에서는 코로나 19 팬데믹과 사회적 고립 속에서 느껴지는 두려움과 외로움을 다루고 있습니다. 시인은 사람들 사이의 물리적, 정서적 거리를 섬이라는 비유를 통해 그리며, 사회적 단절과 그로 인한 불안을 효과적으로 전달합니다.

그의 시에서 고통은 물리적 고통뿐만 아니라, 정신적이고 감정적인 고통이 함께 얽히며, 그 고통을 겪는 인물들이 자신과의 싸움, 그리고 삶을 받아들이려는 의지를 보여줍니다. 「검은 돌」에서 아버지가 돌을 통해 불안을 잠재우려는 모습은 이러한 고통을 자연물에 대한 믿음과 의지로 표현하는 예입니다.

「허공을 물들이다」 또한, 봄의 변화와 그 속에 담긴 덧없음, 그리고 시간의 흐름을 섬세하게 표현한 시입니다. 벚꽃과 봄날의 아름다움을 통해 자연의 순환과 인간의 감정을 교차시키며, 그 안에서 덧없는 순간들을 포착합니다. "꽃은 소문으로 피고 진다"라는 구절은 봄의 순간들이 얼마나 급하고 덧없는지를 잘 표현하며, 이를 통해 시간의 빠름과 변화에 대한 깊은 사유를 유도합니다. 또한, 시는 자연의 변화를 감각적으로 묘사하면서, 인간의 삶과 자연의 흐름이 긴밀하게 얽혀 있음을 보여줍니다.

4) 시간과 기억에 대한 성찰

권수인의 시에서는 시간과 기억의 중요성이 두드러집니다. 시인은 과거와 현재를 넘나들며, 기억의 왜곡이나 시간의 흐름 속에서 변해가는 것들을 탐구합니다. 예를 들어, 「단단한 포옹」에서는 과거와 현재의 연결을 통해 가족과의 관계, 그리고 그 관계 속에서 느껴지는 고통과 치유의 과정을 묘사합니다. 또한, 과거의 기억을 현재와 연결하는 방식으로 시를 전개하여, 시간이 지나도 여전히 영향을 미치는 기억과 감정을 묘사합니다.

「가족 인증서」에서는 한 여인의 헌신과 희생, 그리고 그로 인해 얻게 된 '가족 인증서'라는 상징적 의미를 중심으로 펼쳐지는 감동적인 이야기입니다. 시는 여주인공이 가족을 위해 힘든 시집살이를 하며 마음속에 응어리를 쌓아가고, 결국 포도밭을 물려받는 장면으로 이어집니다. 포도밭은 그녀의 삶의 지지대이자, 헌신의 상징으로 등장하며, 이를 자랑스러워하는 그녀의 마음이 엿보입니다.

특히 시는 여주인공의 내면의 고통을 세밀하게 묘사합니다. '속울음', '눈물도 가슴으로 삭이곤 했다'는 표현은 그녀가 얼마나 많은 감정을 억누르며 살아왔는지를 잘 보여줍니다. 그녀의 헌신이 결국 포도밭이라는 물질적 상징으로 보답받지만, 시는 그 보상조차도 임

시적이고 무상함을 암시하며, 마지막에는 포도밭이 주인을 잃고 병들어가는 모습으로 이어집니다.

5) 심리적이고 철학적인 깊이

권수인 시인은 내면의 깊이를 탐구하는 시인으로, 시 속에 나타나는 감정이나 사건들이 심리적이고 철학적인 의미를 가질 수 있도록 만듭니다. 그는 외적인 사건이나 상황을 통해 인간 존재의 본질, 존재의 의미, 삶과 죽음 같은 큰 질문들을 다룹니다.

「검은 돌」에서의 돌은 단순한 물체를 넘어서, 인간의 믿음, 고난, 그리고 삶의 의지를 상징하는 존재로, 시인은 이를 통해 인간의 심리적 깊이와 존재론적인 질문을 다루고 있습니다.

「물의 식탐」은 자연과 인간 사회의 복잡한 관계를 탐구합니다. 시에서 호수는 물을 끊임없이 소화하는 존재로 묘사되며, 이는 자연의 끊임없는 순환과 물의 특성을 상징합니다. 호수는 '잡식성'으로, 자연의 모든 것을 받아들여 소화하는 힘을 지니고 있으며, 물의 덫을 통해 주변 환경을 삼키는 모습을 보여줍니다. 계곡과 강, 바다는 먹이 사슬에 속한 존재들로 묘사되며, 이를 통해 자연의 이치와 생명의 순환을 표현하고 있습니다.

6) 언어와 형식

　권수인 시인은 간결하고 직설적인 언어를 사용하면서도, 그 속에 강렬한 이미지와 감정을 내포하고 있습니다. 그의 시는 장황하거나 복잡한 문장구성이 아니라, 단순하고 직관적인 표현을 통해 독자에게 빠르게 다가갑니다. 그는 짧은 구절 속에 많은 의미를 담아내며, 그 의미를 감각적인 이미지와 상징적 요소로 풀어냅니다. 또한 그의 시는 형식적 실험보다는 감정과 의미 전달에 집중하는 편입니다.

7) 인간 존재에 대한 탐구

　결국, 권수인 시인의 시는 인간 존재에 대한 탐구입니다. 그는 인간이 겪는 고통, 갈등, 고독, 그리고 삶을 살아가는 의지와 그 안에서 찾으려는 의미를 중심으로 시를 엮어 나갑니다. 사소한 일상적 사건을 통해 인간의 본질적인 질문을 던지며, 그 과정에서 독자들에게 삶의 의미를 돌아보게 만듭니다. 시인은 자연과 일상적인 경험을 통해 철학적이고 심리적인 질문들을 제기하고, 그 질문들 속에서 인간 존재의 불완전함과 동시에 그 존재를 지탱하는 힘을 묘사합니다.

　「길에서 만나다」에서 보여주는 일상적인 만남을 통해 삶과 죽음, 기억의 흐름을 깊이 성찰합니다. 시인은 할머니를 돕기로 하기까지의 망설임과 그 후의 작은 교감을 담담히 그려냅니다. 이 만남을 통해 시인은 자신의 어머니를 떠올리고, 그리운 마음과 삶의 무게를 자연스럽게 연결시킵니다.

할머니와의 대화에서 자연스럽게 등장하는 '쪽파'와 '목사님' 같은 일상적인 요소들은 시에 현실감을 더하며, 그 속에서 시인은 따뜻한 인간애와 감사의 표현을 마주합니다. 특히 만 원짜리 한 장을 건네며, 차 한 잔을 권하는 장면은 단순한 친절을 넘어서, 세상에서 감사를 표현할 수 있는 진심이 얼마나 고귀한 것인지를 느끼게 합니다.

권수인 시인은 심리적이고 철학적인 깊이를 지닌 시인으로, 일상적인 사건과 자연을 통해 인간 존재의 의미와 삶의 고통, 고독, 희망을 탐구하는 독특한 시 세계를 만들어왔습니다. 그의 시는 감각적이고 세밀한 이미지를 통해 보편적인 인간의 정서를 전달하며, 시간과 기억, 고독과 불안, 자연과의 관계에 대한 깊은 성찰을 드러냅니다. 그는 간결하고 직설적인 언어로 깊은 감정과 의미를 전달하며, 독자들에게 내면적인 성찰과 감동을 불러일으킵니다. 권수인 시인은 자연과 인간, 시간과 존재의 관계를 탐구하는 시인으로서, 삶의 복잡하고 깊은 문제들을 시를 통해 풀어냅니다.

앞으로도 시인의 눈으로 바라보는 세상이 어떻게 변화되어 가는지, 반복되는 사소한 일상이 어떤 흥미로움으로 진행돼 가는지를 주의 깊게 관찰해 보고 싶습니다.

건강과 건투를 함께 빕니다.